JN440725

소중한

만남

상처받은 나를 치유한
느티나무 같은 사람들의 이야기

소중한 만남

김은복 쓰다

이 시절을 버리지 않고
기억 속 상자에 담아둬야겠다。

책나무출판사

책을 내면서

세월이 구름처럼 흘러 지나가고 이른 가을이 찾아 왔네요. 그동안 일상 생활하면서 보고 느끼고 배웠던 이야기를 짤막짤막하게 시와 수필로 써보았습니다. 부족한 부분이 많지만 그래도 행복한 추억도 떠올리는 인생의 공부도 배웠던 이야기라고 생각합니다. 바람난 아줌마에 이어 두번째 책으로 독자 여러분을 또 다시 만나게 되어서 기쁩니다.

포스코 ICT 사장님 이하 전 사원 여러분의 성원과 성남시장애인종합복지관 정예진 복지사님으로 하여금 도움을 주시고 중원장애인자립센터 이경원 소장님, 활동보조사 이상현 님과 샘물 교회 모녀인 신원선 님과 김하연 님, 박정옥 선생님과 이정순 선생님이 손발이 되어 준 결과로 오늘의 결실을 맺게 된 것을 감사드립니다.

고마움을 잊지 않고 더 열심히 사는 모습을 보여 드리겠습니다. 이 글은 저의 진심 어린 글입니다.

| 목차 |

1부 · 11

2부 · 31

3부 · 49

4부 · 69

5부 · 103

1부

행복한 40대

40대에 내 얼굴은 어떤 모습일까. 그 나이 때에 맞는 모습일까? 가슴이 텅 빈 40대, 그래도 멋지게 장식하고 있다. 혼자선 살아갈 수 없기에 옆 사람과 따뜻한 커피를 마시고 사회에서의 직장인으로서 자부심을 갖고 살아간다. 힘없이 살아가는 중년의 장애인이나 비장애인들에게 이렇게 말해주고 싶다.

주어진 상황에서 자신을 사랑하고 묵묵히 자기 길을 갈고닦아 추워하는 이들에게 희망을 밝혀주는 40대 길로 걸어가길 낙엽에게 속삭인다.

정원의 아침

누구나 간단한 식사로 하루를 연다. 집에선 가족과 함께 식탁에 앉아 밥과 찌개로 배를 두둑이 채우고 각자 일터에 발을 옮기지만 나는 그 시간에 방 식구의 목소리를 양옆에 놓고 침실에서 선잠을 청한다.

어느 날 눈을 감고 있는데 복순이가 "언니 이거 먹어, 혜연이가 줬어" 말하며 밥그릇을 달그락 내 앞에 놨다. 이렇게 눈을 떠보니 내가 즐겨 먹는 계란찜인 것이다. '와~좋아라!' 잠이 덜 깬 상태로 혜연이의 마음과 함께 그것을 얼른 먹었다. 그 덕분에 어느 목요일 강의를 기분 좋게 들었다.

나는 부드러운 계란찜 같은 사랑을 받고 있다. 이 봄에 혜연이 마음처럼 햇살같이 인생을 가꾸고 싶다. 정원 안에서 5월에 상큼한 꽃들과 부지런히 아침 식사 준비를 한다. 텅 빈 나그네 배도 둥글고 넓적하게 해줄 수 있는 느티나무 같은 존재.

정신없는 내 삶이지만

내 마음처럼 정신없는 책상, 서랍, 가방 속에 있는 불필요한 것을 하나하나 골라 쓰레기통에 넣었다. 어느 녀석은 큰 집에 데리고 가 책꽂이에 꽂아 넣고 A4용지는 하얀 상자에 담아 바람을 막아주고 나머지 애들은 자기가 있어야 할 자리에 놔주었다. 그랬더니 그들은 화난 표정으로 앉아 있다가 언제든 나를 필요로 할 때 그 누구의 손에 한 번에 잡혀 주어도 좋을 존재로 있다. 이 녀석들처럼 있어야 할 곳에 있어야 하고 해야 할 일을 묵묵히 해야 하는 의무감과 책임감으로 살아가는 나는 지금도 컴퓨터 앞에 앉아 입으로 말한다.

생일

어느 날 전화가 왔다. 받아보니 엄마의 목소리였다. 무슨 일이 있나 싶었다.

"엄마가 깜박하고 우리 딸 생일날을 잊었네."

시설 생활 할때는 주변 사람들 말고는 가족들에게 축하한다는 말을 들어본 적이 없어 당연한 것이라고 여기며 잊고 있었다. 이제는 나 혼자 사니 가족에게 더 가까이 다가갈 수 있다. 그만큼 나에게 애정이 더 깊어졌다는 걸 알 수 있다.

집으로 찾아가 내 생일은 "7월이지?"라고 물어봤다. 생일은 지났지만, 엄마가 기억해 주신 것만 해도 선물이고 생일상 받았다고 속으로 생각하니 더위가 싹 가시고 그 자리에 날 사랑하는 가장 행복한 모습으로 앉아있다. 이렇게 그 누구도 부럽지 않은 시원한 나무 그늘 엄마와 함께 길을 걷고 있다.

누구에게나 하고 싶은 말

삼십 년 가까이 재활원에서 청춘을 흘려보냈다. 고급스러운 보석 같은 이삼십 대 세월도 흘러가고, 어느 정도 인생의 맛을 아는 불혹의 사십 대 중반, 꿈을 꾼다. 달콤한 물도 마셔봤고, 시큼한 머루알도 따먹어 봤고, 엉겅퀴나물도 버무려 먹어봤다. 그 맛들을 이제 그만 느끼고 싶다. 새로운 나만의 모습을 보고 싶다. 그러기 위해 나의 세계를 만들어 본다. 장애인이나 비장애인이나 똑같은 인격을 가진 사람이라고….

나는 삼십 년 동안 입어온 무거운 외투를 벗어 던지고, 가벼운 봄옷으로 갈아입고 싶다.

재활원에서는 아침 해가 밝아 오기도 전에 눈을 뜨고 새벽 기차 타고 어디 떠나는 사람처럼 서둘러 제시간에 밥을 먹어야 하고 저녁에는 잠이 안 와도 옆 사람을 생각해 불을 꺼야만 한다. 이것이 공동생활에 있어서 불편한 점이다.

다른 생각을 한다. 내 집이 있으면 식사도 먹고 싶을 때 먹고, 친구와 놀다가 늦은 시간에 귀가해도 조급한 마음이 없고, 씻고 이불에 누워 TV를 보거나 작은 스탠드를 켜놓고 음

악을 잔잔히 틀어놔도 누가 뭐라 하지 않는 나의 모습을 그리고 있다. 내 그림을 보고 부모 형제와 그밖의 이웃들도 감상하며 가슴으로 이해해줬으면…

하지만 내 습작을 바라보는 시선은 차갑고 아직 멀었다. 인생을 바꿔 살고 싶고 여느 사람처럼 동등하게 삶을 꾸려 나가길 바라고 있다. 꿈을 키우기 위해 발버둥 치며 설득해야 하는 어려운 숙제들이 놓여있다. 밤이고 낮이고 숙제를 풀어야겠다.

사랑스런 동생에게

어깨에 무겁게 짓누르고 있는 먼지들을 털어 버리기 위해 나는 병아리들이 노래하는 초등학교 벤치에 발을 들여놨다. 어느 순간부터인지 그녀가 바람을 타고 머릿속으로 들어왔다.

초록으로 물든 세 시 삼십 분, 사십 분. 오이같이 상큼한 아침, 빨갛게 열린 앵두나무 위에 주렁주렁. 두 시 오십 분에 알았던 그녀가 늘 찾아오면 놀이터인 이 자리 돌담에 앉아 어김없이 바람꽃을 피웠다.

현재 네 시 이십 분, 그 시간은 밀물처럼 몰려와 내 가슴에 짙은 그리움으로 흐르고 있다. 그녀가 손으로 찔레 줄기를 살짝 구부려 빨대 모양을 만들어 달콤한 커피도 마시게 해 줬다.

기쁨 한 조각 내리 쬐는 햇살을 프라이팬에 담아 노릇노릇한 토스트 구워 함께 했던 오후 두 시 아카시아 잎처럼 향기 은은한 그녀가 보고 싶다. 찔레꽃이 짙은 그리움을 토닥토닥해준다.

날 아끼자

이십 대 초까지는 왜 이렇게 시간이 안 가는 걸까? 빨리 나이 먹어서 어른이 되었으면 하는 생각이 들었다. 역시 삼십 대 초반에도 '이십 대 후반에도 내 몸이 아파 정신적으로 힘이 들어 후다닥 시간이 갔으면 지금보다 덜 힘들겠지?'라고 생각도 해보았는데, 그때가 정말 황금기였다는 걸 왜 몰랐을까? 그때 이 사회가 깨어있고 사회복지사분들도 조금만 더 깨어있었더라면 내가 더 큰 사람으로 다져져 있었을 텐데. 나이가 젊었을 때 패기도 욕망도 크게 갖고 있었다. 말하는 것도 제법 요령껏 하고 여러 사람들과 대화를 꾸준히 해왔으면 입으로 밥 먹고 살 수 있을 것 같다는 생각이 들지만, 지금에 맞게 사는 나도 꽤 매력적인 여성이라고 자부한다.
나이가 들어 시력이 나빠진 건 어쩔 수 없다. 내 주변에 2, 3년 전 사람들이 신문이나 책을 볼 때 안경을 벗고 손을 멀리하고 읽는 모습이 참 할머니, 할아버지 같아 보였는데, 지금은 내가 안경을 쓰고도 가까이 있는 글씨가 안 보이고 핸드폰에 작은 글씨는 아예 보이지가 않는다. 어느 날 밤 안경을 벗고 카톡을 읽으려고 했는데 흐릿하게 보여 조금 거리를 두고 봤더니 카톡에 있는 글과 사진이 선명하게 잘 보이는 것이었다. 순간 슬펐다. '그 모습이 이해가 안 갔는데 내 일이라니. 하지만 괜찮아, 괜찮아. 이제부터 시작이야. 자립할 계획이 있잖아. 눈이 와도 괜찮고, 비가 와도 괜찮아.' 난 주어진 순리대로 사는 게 참 멋지다고 생각한다. 오늘도 겨울 바람 속을 뚫고 힘차게 날아다닌다.

소중한 만남

얼마 전 비염으로 고생하여 병원에 다녀오는 길에 사십 대 중반인 남자분이 웃으면서 "아가씨 안녕하세요. 저 누군지 알아보겠어요?" 하며 딱 버티고 서 있었다. 어! 속으로 '어디서 많이 본 모습인데, 혹시 옛날 단국대학교 키비탄인가?' 그래서 난 "누구세요? 바보 오빠 맞죠?"라고 말을 던졌더니 "그래 맞아."라고 대답하였다.

우리는 처음에 서로가 반가워서 어쩔 줄 몰랐다. 그 오빠는 17년 전에 결혼하고 첫 아이하고 왔었다고 말했다. 하지만 그때 기억은 없다. 내가 20대 때, 그 오빠는 군대를 다녀오고 복학생이 되어 마지막으로 찾아온 것으로 기억하고 있다. 그 오빠는 나보다 어린 애들하고 어울리는 시간이 많았다. 올 때마다 인사만 하고 나를 한 번씩 쳐다보면 나는 웃음으로 때우고 책만 붙들고 있었다. 과거의 나는 이십 대라 생각이 복잡하여 다른 친구들이 노는 모습만 옆에서 보고 있었다. 그래서 무표정으로 그 오빠를 대했었다. 그때는 내가 제일 큰 언니라 동생들을 챙겨야만 했다. 그때 오빠가 준 풍경 사진들은 지금도 앨범 안에서 당시 그 시절을 말해주고 있다.

오빠를 내 방으로 데리고 왔다.

“오빠! 여기 내 방이다! 예쁘지? 난 공주야! 이렇게 넓은 방에서 살아. 신발 벗고 와 여기는 방이라고!”

막 장난치고,

“야 오빠 반갑다 죽지 않고 있으니까 이렇게 보네”

가슴이 벅차올랐다. 오빠가 하는 말

“은복이 너 많이 좋아졌다. 밝아지고 말도 많아지고 오빠가 봤을 때는 오빠 기억엔 말 없는 너였어. 너에게는 힘든 사회였으니깐. 나이가 들었어도 그때 그 만남은 사진처럼 변하지 않은 것 같아.”라고 말했다.

오빠는 나이도 두 살 위고 친구 같다는 생각이 들어 편하다고 생각한다.

단국대를 생각하면 인간 냄새가 짙게 느껴져서 좋다. 특히 초창기 때 만났던 사람들의 품격은 따스하다. 그리고 함께했던 사람들 또한 그랬다. 난 그 시절을 버리지 않고 기억 속 상자에 담아 둬야겠다. 언제든지 꺼내 보고 싶을 때 꺼내 볼 것이다.

엄마

사랑하는 엄마, 바깥을 좋아하는 딸입니다. 나는 엄마에게 특별한 딸입니다. 집 밖을 나아가기 좋아하는 딸이기에, 무거운 나를 업고 밭에서 일하십니다.

일하고 들어와 허기진 배를 참으며 딸의 배를 먼저 채워주시고 굳은 몸을 만져 주십니다. 가족들 챙기고 허리 펼 시간 없이 딸을 목욕시키고 재워놓은 뒤에 부엌에 들어가 아궁이에 불을 지펴 방을 따뜻하게 해놓은 뒤에 당신은 주무십니다.

체기가 있거나 아플 때면 한의사처럼 바늘로 따주시고 오랜 시간 동안 배를 따뜻하게 만져 주십니다. 항상 나에게 사랑을 베푸셨던 소나무처럼 강인했던 당신. 지금은 바람 불면 쓰러질 것 같은 소나무가 되어있는 당신.

사랑하는 엄마, 내 작은 몸집으로나마 따뜻한 체온과 함께 내 등에 업혀 드리고 싶습니다.

엄마와의 시간

이십 대 때 마냥 철이 없던 나는 엄마에게 생떼를 부렸다. 그때만 해도 엄마가 일을 하셔서 돈을 주실 수 있는 시기였다. 나는 한 달에 한 번이 멀다 하고 일이 꼬여서 안 풀리거나 주기적인 생리가 찾아올 때면 어린아이가 되어 꼭 엄마를 오라고 재촉을 한다. 그러면 하던 일을 멈추시고 바로 달려오셨다. 그때는 전동휠체어가 귀해서 난 수동휠체어를 이용했다.

그래서 누구를 만나도 상대편이 휠체어를 밀 수밖에 없었는데 엄마도 무거운 나를 험한 동네를 누비며 맛난 거 사주시려고 짜장면집에 들어가 짜장면을 시켜주신다. 또 어느 날은 공원 벤치에서 캔 맥주를 사 주셨다. 다른 엄마들은 자식이 술 마시는 거 탐탁지 않게 여기는데 우리 엄마는 깨어 있는 분 같다. 맥주 두 캔을 마신 후 "아이고 잘 마셨네." 하셨다. 가족끼리 와도 나는 늘 엄마 옆에 떨어지지 않았다. 내가 좋아하는 것만 쏙쏙 입에 넣어 주셨다. 엄마는 당신의 배를 채우는 것보다 딸이 먹을 게 우선이다. 그게 엄마의 깊은 마음인 것 같다. 지금은 그때의 모습을 볼 수가 없다. 가끔은 그 시기가 그리움이 되어 내 가슴속으로 파고든다. 연세가 많을수록 일을 조금이라도 하시는 것이 엄마의 몸과 마음에도 도움이 될 텐데 이제는 그 누구의 부축 없이는 이동하기가 힘이 든다. 남성적인 성향이셔서 손 놓고 집 안에만 머물기에는 답답하실 것 같다.

하늘이 도우셨는지 어느 회사에 입사하여 정식 직원이 되었다. 첫 월급으로 가족들에게 필요한 것을 혼자 장만해서 보내드렸다. 형제들과 엄마께서 나를 무척 대견스럽게 생각하였다. 앞으로 체험홈 현대 아파트에 있다가 독립해서 정말 잘 사는 모습을 보여드리고 싶은데 난 불안함이 점점 다가온다. 내 꿈을 펼쳐 엄마에게 아름다운 꽃으로 피어드리고 싶다는 생각을 한다.

어느 휴일날에

나는 집안에서만 뒹굴뒹굴했었는데 그동안 알게 모르게 쌓인 스트레스를 바람에 날리고 싶어 신흥역 지하상가에 갔다. 시원한 바람과 가방들이 더위에 지친 모습으로 빼곡히 줄 서 있었다.

작은 지갑들을 자세히 살펴보았다. 하얀 파우치 지갑이 확 눈에 들어와 "이거 얼마예요?" 아저씨에게 물어보니 5천 원이라고 했다. 급히 돈을 지불하고 지갑을 샀다. 우리 재활원 국장님의 생일이 지난 지 5일 정도 됐지만 늦게라도 행복을 가득 담아 생일을 축하하고 싶었다.

국장님과 한솥밥을 먹은 지 벌써 12년이 흘렀다. 삶에 있어서 그 누군가에게 정성 들여 선물을 줄 수 있다는 것은 참 행복한 일이다. 내일이 빨리 왔으면 하는 바람으로 전철에 올라탔다.

전철 안에는 몇몇 사람들이 한 손에 쇼핑백을 쥐고, 다른 한 손으로 손잡이를 잡고 몸들이 들썩거렸다. "그들도 나처럼 또 다른 친구들에게 희망을 선물하겠지?" 생각하며 따뜻한 마음이 되어 나는 해피빌 체험 홈으로 돌아왔다.

나에게 찾아온 선물

1남 3녀 중 둘째 딸로 태어나 시골에서 17살 때까지 가족과 함께 지냈다. 아주 어릴 때라 기억은 잘 나지 않지만 그 중에 제일 좋은 기억은 한겨울에 언니가 동네 친구들과 함께 모여 뒷집에 사는 미숙 언니네로 나를 데리고 가 언니와 함께 계곡 빙판 위에서 썰매를 탔었던 기억이다. 또 친척오빠, 언니들이 방학때면 와서인지 심심치가 않았다. 미경이 언니가 선물세트로 가져온 과자가 너무 좋았다. 그리고 그것은 다 내차지였다. 미경이 언니는 옷도 사다 목욕시켜 새옷으로 입히고 팔베개도 해주고 자장가를 들려주고 업어주며 들판에 곡식들을 구경시켜 주었던 따뜻한 기억이 있다. 아픈 기억은 우리 동네의 아주머니들이 산책을 나오셔서 나와 마주칠 때마다 "아이고, 저 애는 어쩌다가 저렇게 됐나? 불쌍하다."라고 혀를 끌끌 차며 나에게 상처를 입혔던 기억이다.

나는 집이라는 곳이 싫어 부모님께 나를 시설에 보내 달라고 떼를 썼지만 부모님께서는 반대하셨다. 우리 집은 경제적으로 어려워 먹고 살기가 빠듯했지만 소를 팔아 그나마 형편이 나아졌다.

세월이 지나 나는 성남에 있는 소망재활원이라는 시설로 들어가게 되었고, 재활원에 들어갔을 때쯤에는 동료들이 어려서 함께 놀아주기 바빴다. 어떤 날은 병원놀이, 어떤 날은 엄마놀이를 하며 아이들과 놀아주었다. 그때 내가 놀아준 아이들은 지금 한 사람의 몫을 하는 어엿한 사회인이 되었다.

어느 날 내가 메모장에 적어놓았던 시를 어떤 남자가 책으로 만들어 가져다주겠다며 가져갔지만 그 사람은 몇 날 며칠을 기다려도 오지 않아 허탈했다.

나는 여러 가지 꿈이 있었다. 일반교사, 특수학교교사, 그리고 의사가 되고 싶었으나 나도 장애라는 것 때문에 나의 꿈을 접어야 했다.

시간이 지나고 나에겐 또 다른 꿈이 생겼다. 첫 번째 꿈은 작가로서 세상에 나가 활발히 활동하는 것이다. 20년 동안 글을 써오면서 나의 시야가 넓어졌고 어두운 그림자 속에 살아가는 사람들에게 표지판이 되어주고 싶다는 생각이 들었다. 그러다 보니 '독립'이라는 꿈도 생겼다. 재활원이라는 작은 세상에서 독립하여 살아보는 것, 기를 쓰고 주위 사람들을 설득하고 싸워서 지금은 재활원에 있었던 30년 동안의 세월을 뒤로 한 채 독립이라는 첫 번째 선물을 얻게 되었다. 그래서 시간에 쫓기지 않고 개인적인 일정을 스스로 조정하고 재활원에서는 미처 하지 못했던 일들을 할 수 있게 되었다. 비록 몸은 불편하지만 꿈을 이뤄가는 과정은 다른 사람들에게 지지 않을 것이라 자부한다.

우리도 비장애인들과 동등한 삶을 살아갈 가치가 있다는 사실을 알려주고 싶다. 이렇게 하여 나의 소중한 선물들을 사회 속에서 가져와 포장을 하나하나 펼치며 나의 모습을 강하게 만들 것이다.

2부

현실의 호소

요즘 계절만큼 나는 무엇을 위해 사는지 모르겠다. 머릿속은 온갖 잡동사니로 가득하고 어떤 것부터 손을 대야 할지 몰라 발만 동동 구르고 있다. 그러고 있기에는 시간이 부족하다. 정신을 가다듬고 하나하나 구체적으로 풀어야 하겠지?

나는 진심을 담은 편지를 써서 부모님께 3월쯤에 보내드렸다. 인권에 대해서 폭을 넓혀야 하고, 동료 상담에 대해 또 많은 지식이 필요하고, 내 성격과 틀을 벗어나기 위해서는 내가 바뀌어야 한다. 그래서 독립을 해야 한다. 어설픈 정신력으로 살 수 없기에 버려야 한다. 얼마 전까지만 해도 내 마음은 갈대처럼 흔들려 술 취한 사람처럼 비틀거렸다. 어머니가 아프셔서 수술까지 받으셨는데 나 살자고 책값 보내달라고 한 것도 마음에 걸려 슬픔에 차올라 있었다. 일이 겹치고 겹쳐 힘겨웠다. 한꺼번에 폭풍처럼 안 좋은 일만 몰려와 밤에 자다가도 벌떡벌떡 일어났다. 어디다 그런 것을 확 던져 놓을 데가 없었다. 그래서 상담이 필요한가 보다. 지금은 어느 정도 가라앉은 편이지만 여전히 무거운 돌이 내 가슴에 얹혀 있다. 내가 살 집의 턱을 없애야 하고, 집주인도 좋은 사람을 만나야 하고, 돈도 벌어야 하는데… 죽을힘을 다해 노력하면 희망이 생길 것이라 믿는다. 좋은 강좌도 들어야겠다. 그리고 말을 부드럽게 하는 방법도 익혀야겠다. 또 내 갈 길을 차근차근 문에 천천히 두드려야 한다.

은복이의 독립

이 가을 하늘처럼 웃는 삶이고 싶다. 나의 생활과 나의 삶을 가치 있게 높이고 싶다. 말도 뚜렷이 하고 생각도 깊이 하고 긍정적인 생각으로 자립 생활을 해야 한다.

결코 혼자 살아가는 사회가 아니다. 나이를 잊고 살고 싶다. 때로는 젊은 친구들과 놀기도 하고 50대, 60대분들과도 스스럼없이 대할 수 있는 편안한 존재가 되고 싶다.

현재 나를 사랑하고 내면의 깔린 진한 먼지와 같은 생각들을 훌훌 털어버렸다. 전동휠체어 운전도 제대로 해야 하고 마트에 들려 알뜰살뜰 장을 봐야 한다. 또, 집 구조도 내 머릿속으로 그림을 그려 선생님과 함께 협력하여 은복이의 집으로 완성한다.

내가 아는 사람들도 초대해 과일을 좋아하는 사람들에게는 과일을 내놓고 각각 취향에 맞게 해주고 싶다. 여유가 생기면 흥겨운 노래 봉사도 하고 싶다. 남에게 쉽게 털어내지 못하는 고민거리를 들어주는 그런 봉사도 하고 싶다.

내가 만나 봤던 사람들은 내가 편하다고 한다. 그 이유는 상대의 얘기를 귀담아 들어준다는 것이다. 사회에 코스모스로 은은한 향기를 풍기는 빛나는 삶을 사는 내가 되고 싶다.

내 독립은 이러하다.

걸어온 길

1984년 아늑한 집을 떠나 나와 같은 동료가 있는 소망재활원에 발을 들여놓게 되었다. 17살 사춘기, 예민한 성격인데 사람들하고 사귀는 것이 힘들 때 다행히 새로 만난 동생들과 활짝 웃음꽃을 피워가며 지낸다는 것이 지금 생각해보니 내 자신이 대견스럽다.

마음 한구석은 집에서 가족들과 오순도순 생활하는 모습이 내 머릿속에서 그림자처럼 졸졸 따라다녀 혼자 우두커니 있을 때 그리움에 베개를 끌어안고 뜨거운 눈물로 젖어 있는 날이 잦았다.

어느 날 오빠로부터 편지 한 통이 비행기같이 날아왔다. 공부 좀 하라는 내용이었다. 하늘의 뜻이던가? 좋은 사람들을 만났고, 그중 김계선 언니를 알게 되었다.

그 언니는 일주일에 한 번씩 토요일마다 찾아와 방에 들어와서 여러 동생들을 뺑 둘러앉히고 도화지 안에 'ㄱ, ㄴ'들을 모아 놓은 후 고기 낚시하듯 머릿속에 쏙쏙 잡아넣어 주려고 온 힘을 다하였다.

내 손으로 직접 쓰지는 못하지만 언니가 적어준 단어 하나 하나를 내 눈으로 보고 생각하며 그림을 그리고 누군가 귀 따갑게 시끄러운 노래를 불러도 거북이처럼 방바닥에 엎드려 집중력을 남보다 두세 배 이상 높이려고 공부에 열중하였다. 남들 놀 때, 잠잘 때, 친구인 양 책을 밤낮 할 것 없이 끼고 살았다.

강이 흐르듯 6개월이 흘렀다. 간단한 책을 스스로 읽을 수 있는 수준이 되었다.

어느 날, '꼬마 니콜라스'라는 어려운 책을 단국대생인 유용필 오빠가 내밀었다. 순간 당황스럽기도 하고, 이 책을 어떻게 읽을지 걱정하였다. 글씨도 작고 양도 많아서 읽기 힘들었지만, 인내심을 갖고 읽은 덕분에 2주 만에 다 읽을 수 있었다. 3개월 전에 읽었던 방정환 선생님의 책은 글씨체가 컸었고, 내가 접하기 쉬워서 책장을 금방금방 넘길 수 있었다. 또, 가끔 그림도 넣어져 있어 3일 만에 쉽게 읽었다. 그 책은 어린아이들의 순수한 정서가 담겨 있는 동화책이다.

그때의 나는 글을 쓰는 것은 생각지도 못했다. 열아홉 살, 언뜻 성숙한 마음이 들었다. '이제 스스로 뭔가를 해봐야지.

언제까지 애처럼 부모님께 의존할 거야?' 하고 단호하게 내 자신에게 채찍질을 하곤 했다.

학교생활을 하면서 틈틈히 쓰기 시작한 일기를 9년 동안이나 써온 덕에 글솜씨가 꽤 많이 는 편이었다. 나의 첫 작품은 '아가'라는 동시였다.

어느 가을날 아버지가 재활원에 찾아와 언니가 며칠 전에 딸을 낳아 산후조리를 하고 있다고, 아기가 예쁘다고 하였다. 이 작품은 "축하해 주렴." 이 말 속에서 시작되었다. 조카가 생겼다는 것이 기쁘기도 하고 순간 묘한 느낌이 들었고, 이런 행복한 마음을 '아가'라는 동시에 담았다.

두 번째 작품의 제목은 '온실 속의 화초'였다. 그것은 방에 있는 네모난 어항을 상징하는 글이었다. 받아 써주는 사람이 "와! 은복이 멋져! 이렇게 좋은 시를 쓰다니! 나 이거 가져가서 학교 사람들에게 보여줘도 돼?" 하고 물어서 내가 허락해 주었더니, 활짝 웃는 얼굴로 가방에 다 넣고 갔다.

한 달 뒤에 학교 동아리에서 만든 얇은 회지 한 권을 가져왔다. 그 뒤로 내 글을 읽은 사람들이 나를 알아보고 인사를 하였다. 그때마다 내 얼굴은 부끄러워서 홍당무처럼 붉어졌다. 그 회지를 사진처럼 코팅해서 소중하게 앨범에 꽂아 두었는데 어디론가 사라졌다. 그렇지만 내 마음속의 감수성으로 다시 다른 시를 쓰게 되었다. 내 마음을 담아 쓴 시를 모아 '애인 이야기'라는 시집을 냈다.

어느 날 내 글을 한 편도 빼먹지 않고 읽어본 활달하고 꼼꼼한 친구가 글 쓰는 공부를 더 하면 어떻겠냐고 권유했다. 그 친구는 생활재활교사인 이복희 씨다. 그 친구는 나를 씻겨도 주고 먹여도 줬다. 그 친구의 권유로 사회교육원에 들어가게 되었다.

그곳은 쉽지만은 않았다. 그리고 강의를 들으면서 글을 쓰는 것이 어렵다는 것을 뼈저리게 느꼈다. 때때로 가로막는 장벽이 있어 주저앉고 싶었지만 여러 사람의 도움 덕분에 높은 계단을 오르락내리락하며 강의를 들었다. 시의 말이 떠오르지 않아서 어떨 때는 시를 쓰는 것은 산모가 아기를 낳는 것과 같은 고통이라고 뼈저리게 느꼈다.

글은 사라지는 것이 아니라 흔적을 남기는 것이라고 수필을 강의하시는 윤재천 교수님께서 말씀하셨다. 지금까지 그래왔던 것처럼 나는 앞으로도 글 쓰는 것에 혼신의 힘을 다할 것이다.

새로운 날

올해는 좋은 일만 내 앞에 펼쳐지고 있다. 자립하려고 준비 중이었고 가족뿐만 아니라 이웃분들의 반대가 심해 어려움을 겪었다. 그런데 나를 이해해주고 승낙하셨다. 큰 산 하나를 넘었다. 그리고 이번 봄에는 경기도 장애인 문화 예술제에서 우수상을 또 타게 되었다. 상패만 받는 것으로 만족했는데 핸드폰으로 전화가 왔다. 이번에 수상한 시가 책으로 나온다고 해서 거기에 필요한 것들을 사진으로 메시지를 보냈다. 다음 달이면 첫 월급을 타고 상금도 탄다. 돈을 벌 수 있다는 것도 좋지만 내 실력과 인격이 달라지는 것 같아 뿌듯하다. 지금도 힘찬 발걸음을 여러 사람들과 함께 내디딘다.

새로 태어나기 어렵다.

난생처음으로 수술대에 올랐다. 오르기 전 내가 잘 견딜 수 있을까? 만약 이대로 간다면 어쩔까? 난 자립을 해서 아직까지 하고 싶은 게 많다.

내가 여태껏 도움만 받아와서 반대로 마음이 힘든 사람들에게 그냥 이야기 벗 되어주는 친구, 언니, 혹은 동생, 그런 고민을 나누어 가는 사람이 되고 싶고, 그동안 써놓은 글을 편집을 해서 책 한 권을 부모님께 안겨드려야 하는데, 여러 가지 생각이 발목을 잡아 침대는 척척해졌다.

치과 비용이 걱정됐지만 내 목숨이 우선이라고 절실한 신자도 아니지만 하나님께 모든 것을 맡기고, 기도도 틈틈이 했다.

수술 끝나고 눈을 떠보니 이모 그리고 언니가 흐릿하게 보이기 시작했다. 보자마자 환한 미소로 언니 이모가 "잘했어."라고 말하자 나는 "밥은 먹었어?"라고 첫마디로 말했다. 얼굴도 매만져 주고 예뻐졌다고 언니가 거울을 보여줬다.

이는 아주 고르게 되어있었고 전에 내 얼굴은 사라졌다. 나는 내가 좋아하는 사각형 얼굴로 거울 속에서 사랑스러운 마음으로 바라보았다. 성격이 급한 난 간신히 물 종류만 먹을 수 있었고 물도 숟가락으로 떠먹여줘야 했다. 빨대도 빨기 어렵고, 약도 먹기 어렵다. 점심은 다 내가 좋아하는 것만 있었다. 선생님들이 하나같이 어떻게든 먹게 하려고 입에 넣어주었지만 이것을 다 배 속으로 직접 넣고 싶었다.

먹으면서 내 맘대로 안되어 속은 짜증이 펄펄 끓어 올랐다. 살이 쭉쭉 빠지는 소리와 함께 서러움이 섞인 눈물이 났지만 무엇보다도 내 손발이 되어주신 선생님들께 뜨거운 마음을 감출 수 없다.

그리고 고마웠다. 옆에서 긴 시간을 함께해준 두 분의 존재는 이모와 같은 존재이다.

신발

발이 늘 겨울을 탄다. 그래서 어느 날 지하상가에 들러 신발가게에서 이것저것 눈여겨 고른 신발 한 켤레. 주인이 내 발에 신겨주었다. 신발 가격, 아뿔싸 4만 원이라는 소리를 듣고 다시 신발을 벗었다. 다른 구둣가게에 가서 가격을 알아보니 전부 3~5만 원대였다. 망설임 끝에 에라 모르겠다. 저질러 놓고 보자. 다시 가서 아까 그 신발 주세요. 했더니 주인의 얼굴이 아까보다 밝아졌다. 조금 전에는 똥 밟은 얼굴이었는데 금세 10분도 안 되어 그 사람의 얼굴은 나 돈 벌었네. 좋아하는 것 같았다. 역시 그래그래. 잘 샀다. 책값은 나중에 걱정하자. 내 몸이 건강해야 내 삶도 따뜻해지는 거야. 보기에도 따뜻해 보이고 걸어다니지는 못하지만 신발 신을 수 있는 여느 사람과 똑같으니까. 이 신발이 바람을 막아주어 오늘도 바깥문을 나선다.

흔적

꽃처럼 사람도 정성껏 예쁘게 꾸며야 한다. 꽃은 있는 그대로 자기를 드러낸다. 그 자리에서 그들만의 삶의 빛깔을 그려내고 있듯 우리에게도 계절이 존재한다.

마음은 십 대인데…

이슬이 찾아왔다. 책을 읽다 말고 쇼핑하러 문밖을 나서 액세서리점에 들려 귀걸이 핀을 골랐다. 자기 자신을 예쁘게 꾸미고 바람처럼 시원하게 한 세계를 살고 싶다. 차가운 바람이 아닌 사랑이 묻어 나오는 따뜻한 바람으로…

집이 생겼다

결혼도 안 한 노처녀 치마폭에 바람이 불었나? 요즘 들어 아줌마가 됐다. 허름한 집에 따스한 봄이 오도록 정성을 기울인다. 여기저기에서 모여든 식구, 이제는 내 가슴으로 보듬어 주어야 할 때가 왔다. 어떻게 하면 입가에 반달이 뜨게 할 수 있을까 고심한다.

엄마가 된 기분으로 찬바람을 밀쳐내고 시장 속 길을 걸었다. 그 길에서 식구들에게 가슴 깊이 두레박으로 행복을 퍼주기 위해 원피스 두 장을 들고 왔다. 하얗게 웃는 두 꽃이 "언니 고마워" 하며 웃는 소리가 저녁노을처럼 예뻐 보였다. 어느새 메마른 나뭇가지는 따스한 물기가 흥건하다.

엄마

엄마는 1년에 3, 4번 정도밖에 오시지 않는다. 40이 가까워 오는데 여전히 엄마를 기다리고 있다.

하얀 눈처럼 포근한 가슴. 그저 바라만 봐도 훈훈해지는 마음. 외로울 때 하늘처럼 큰 호수를 지닌 자화상. 얼굴을 맞대고 있으면 내 가슴은 행복으로 울려 퍼진다. 햇살이 가득한 얼굴을 뵙고 나니 내 마음도 덩달아 편안해짐을 느낀다.

어느 식당에 들러 김이 모락모락 나는 뚝배기 곰탕을 시켰다. 서로의 따스한 숨결을 마시고 나니 뱃속에 그 무엇인가가 철철 끓어오른다.

이 겨울도 엄마의 품속처럼 따뜻해진다. 어린아이처럼 마냥 어리광을 부린다. 사랑을 듬뿍 주기도 하고 받기도 하고…

회사 일을 뒤로하고

365일 파리의 목숨처럼 하루하루를 보냈다. 그리고 검은 먼지가 쌓일 대로 쌓여 그럭저럭 내 삶을 이어왔다. 꿈에도 생각지 못한 회사원이라는 명칭으로 인해 당당함, 뿌듯함 그리고 여유로움이라는 선물을 신께서 내려주셨다. 이웃과 함께 정을 나누기도 하고 내 집에 있는 크고 작은 아기자기한 소품들이 내 공간을 채워 빛내주고 영혼은 포동포동 살이 오르고 밥그릇만 봐도 절로 배가 불렀다. 4년 동안 여느 사람처럼 다달이 잔고엔 급여로 채워지고 행복도 들어왔다.

이제는 백수가 되지만 그래도 그 행운을 길이길이 간직하며 내 삶을 묵묵히 걸어가야겠다.

3부

영화 감상문

어느 한 집에 부녀가 함께 살았다. 어린 딸과 아버지는 이불에서 떠날 줄 몰랐다. 딸은 초등학교에 들어갈 시기인데 손가락에 장애가 있고, 한쪽 다리는 짤막하다. 그래서 어딘가를 갈 때마다 휠체어를 타고 아버지가 밀어준다.

학교에 갔는데 그곳은 일반 학생들이 있는 곳이다. 그런데 선생님과 교실 아이들은 딸을 보자마자 갸우뚱하고 학교에 오는 것을 거부했다.

어느 날 산책을 나가는데 하필 비가 쏟아졌다. 아버지는 길에서 차가 올 때마다 태워달라고 손을 흔들었지만, 하나같이 '휭' 날아갔다. 휠체어를 끌고 갈 데까지 가보자 그런 마음으로 향했었는데 계단이 가로막고 있었다.

참 슬픈 사회다. 지금도 나가 보면 영화 속의 한 장면과도 같은 경험이 수두룩하다. 언제쯤 턱이 없고 경사로가 설치된 장애인들이 편하게 여행이나 소풍을 걸림돌 없이 다닐 수 있는 편리한 시설로 갖추어질 수 있을까.

여행 기행문

친구 따라 강남 간다고 했나, 국내에서만 맴돌다가 막상 낯선 땅을 밟을 것을 생각하니 가슴 설레고 겁도 났지만 처음 중국으로 해외여행을 간다.

전동휠체어도 비행기에 실어서 타고 간다고 하기에 안도의 한숨을 내쉬고 걱정 없이 갈 준비를 했다. 여권도 만들고 차근차근 내가 필요한 것들을 준비했다. 여름 내내 틈틈이 전동휠체어 무게와 상태를 살펴보고 나의 건강 관리에 힘썼다. 사전모임을 한 후 정말 실감이 났다. 중국어도 외우고 밑반찬 몇 가지와 함께 짐을 꾸리는 일을 다 끝마치고 아침 일찍부터 길을 나섰다. 공항으로 가서 우리 식구를 만나고 비행기를 타기 위해 여러 가지 절차를 밟은 끝에 비행기 안에 몸과 마음을 싣고 하늘 높이 올라 한국을 떠나 중국 땅에 내렸다.

첫날은 먼 곳까지 왔다는 것이 마냥 좋았다. 북경 만리장성 정상을 케이블카로 올라보니 뿌듯하였고 다 함께 힘껏 기쁨의 환호성을 질렀다. 땀 닦을 새도 없이 너도 나도 사진 찍기 바빴다. 아래를 내려다보니 끝없이 걸어서 오는 모습이 나에겐 엄청난 충격이었다. 한 폭의 그림이었다.

이화원과 홍교 시장에서 가방과 면세품 그리고 예쁜 루주도 샀다. 중국 사람들이 발 디딜 틈도 없이 벌 떼처럼 몰려오고 양보하는 법이 없었다. 그리고 온통 식당마다 숲으로 둘러싸인 미로처럼 꾸며져서 공기는 한층 맑게 느껴졌다.

식탁은 원탁이며 음식은 양 내 때문에 먹을 수 없었다. 가져간 고추장에 밥 비벼 먹고 대추와 머루포도, 망고 하드를 맛나게 먹었다. 왕포지 먹자골목이 우리나라에 평화시장 같았고 모란시장을 상징하는 것 같았다.

화장실 가고 싶어 어디에 있냐고 물어봤는데 자기 딴엔 열심히 말을 한다고 하는데 도무지 알아들을 수 없어 애를 먹었다. 물가는 우리나라보다 싸다. 하도 차만 타고 다녀서 침대에 누워 있어도 몸이 덜컹거리는 느낌.

마치 우리나라의 90년도 같았다. 역시 한국인으로 태어난 것이 참 자랑스럽다. 가을날 소중한 추억을 안고 기억에 남는 멋진 추억이었다. 또 하나의 꿈이 있다면 가까운 제주도를 가고 싶다.

낡은 철학은 버리자

생각의 폭을 넓히기 위해 지하철을 타고 서현에 있는 서점에 갔다. 요즘 들어 내 자신이 작게 보이는 것 같다. 그래서 찾기로 마음먹었다.

그간 이 근방에만 맴돌고 있었다. 그러니 자연적으로 생각의 주머니가 작아질 수밖에… 하지만 새로운 경험을 하기 위해 내 몸도 아끼지 말아야 할 것이다. 청결한 정신력, 그것이 나의 삶의 질을 높여줄 수 있다고 본다.

얼마 만에 가봤던 서점인가! 가슴이 애인(愛人)을 만난 것처럼 두근거림을 알 수 있다. 책 냄새가 지친 내 영혼 속으로 파고들어 따뜻한 기쁨으로 피어 내주었다. 각종 책들이 나를 바라본다. 마음이 유능해질 수 있는 철학이 담긴 책에 손이 갔다.

그전 같았으면 읽기 좋은 단편 수필집, 시집을 골랐을 텐데…. 나를 철학자로 새롭게 만들고 싶어 유명한 철학자와 소통한다. 그 순간만큼은 나의 고단함을 잠시 접고 행복이 묻어있는 시간이 된다. 나 자신뿐만 아니라 세상 속 꽃들도 함께 철학이라는 옷으로 갈아입힌다.

나는 너를 사랑하는 걸까

자연들도 색색의 사랑을 한다. 봄을 등에 업고, 잎을 내민다. 새들과 마음을 물 들이키듯 들이켠다. 복잡한 이끼는 떨쳐버리고 돌에 마음을 매만져보는 열정을 갖자.

'나는 정말 너를 사랑하는 걸까?' 김혜남 작가의 작품을 함께 공유한다. 나도 사랑하는 이가 있었으면… 상대는 있다. 이상적인 만남이 아니라 자주 접하는 개나리꽃들에게 내 마음을 전하면 행복하다. 누구나 외롭다. 외로움은 나 자신을 사랑하게 한다.

내 인생에서 해를 주는 신선한 바람도 사랑이다. 사랑이라는 단어는 먼지처럼 뽀얗다. 뽀얗지만 그것 없이는 우리가 존재할 수 없다.

은하수 다리를 건너고, 온기를 나누고, 여행에 오른다. 여행길은 주판알을 타고 떼구루루 굴러 김혜남의 영혼을 사서 모종한다. 모종한다는 것은 논마지기에 물꼬를 잠재우는 것이다.

모든 걸 포용하는 넓은 그릇을 빚어나가고 싶다. 정신 분석가는 못 되어도 나를 다듬고 모든 일에 사랑을 주는 숲의 한 장르로 표현한다.

남이섬에 다녀와서

삼사 주 전부터 남이섬 가는 차편을 인터넷으로 검색해 보고 장애인 콜센터에 전화를 해서 휠체어가 들어갈 수 있는지 문의를 해봤고 간신히 담당자와 전화 통화를 했다. 전동휠체어가 들어갈 수 있는 공간이 작다고 하였다. 그래서 또 다른 곳으로 문의해 봤다. 전동휠체어는 들어갈 수 있다고 하여 안심하고 있었는데 다행히도 렌터카를 구했고 운전 기사님까지 계셔서 안도감에 숨을 들이마실 수 있었다.

아침 일찍 여행을 하기 위해 리프트가 달린 차에 올랐다. 찻길에서 나무들이 반겼다. 내가 쓰던 전동휠체어가 아닌 가벼운 수동휠체어라 도로를 달리는 동안 덜커덩, 덜커덩 소리가 요란스러웠다. 안전장치를 했지만 뒤로 넘어갈까 봐 나는 불안에 떨고 있었다. 드디어 아침고요수목원에 도착했다.

힘든 것은 잠시 잊고 하늘을 올려다보니 빨간 나뭇잎과 초록 잎이 다정한 눈빛으로 우리를 바라보고 있었다. 이곳저곳 눈을 크게 뜨고 어디가 좋은지 살펴봤다. 한 군데에 우리 고유의 전통 찻집이 있었다.

그곳은 휠체어가 올라갈 수 없는 곳이라서 마루 끝에서 햇빛을 등지고 앉아서 생강차, 매실차를 마시며 차에서 받은 시달림을 달래며 이런 생각을 해보았다.

'장애인을 조금 더 배려해 올라갈 수 있는 경사를 설치해줬으면 얼마나 좋을까?' 우리는 또다시 길을 나섰다. 박물관으로 이동해 우리나라 옛 유물들과 여러 시인이 써놓은 글도 띄엄띄엄 읽어보았다.

평일이어서인지 사람들이 별로 없었다. 곧이어 옆에 있는 애니메이션 박물관에 들어갔다. 그곳에는 태권브이, 텔레토비 등이 있어서 동심의 세계로 들어갈 수 있었다.

하루가 금방 지나갔다. 남이섬으로 들어가는 배를 타기 위해 강가에서 기다리고 있었다. 배를 보니 올라갈 수 있는 평지가 없어 물에 빠질 것 같은 느낌이 들었다. 그런데 다행히 선착장에서 일하는 아저씨와 선생님이 들고 올라가 주었다. 작은 배라 사람들이 우리밖에 없었고 올라가는 평지가 놓여 있지 않았다고 한다.

배를 타고 가는 중에 잠시 강을 바라보며 '참 멋지구나! 우리의 삶도 강처럼 유유히 흘러갔으면 얼마나 좋을까?'라고 생각했다. 어느새 배는 남이섬에 도착했다.

강바람이 너무 차서 숨이 막힐 것 같았다. 배에서 내려 보니 섬이라 그런지 아무도 없었다. 호텔까지 가는 차가 한 대뿐이라 기다려야 했다. 기다리는 동안 선생님이 휠체어를 밀어주었다. 눈앞에 있는 간판의 '해님과 달님'이라는 글귀는 당시 분위기에 매우 적절했다.

이때 차 불빛이 우리를 반겨주었다. 이 차에는 휠체어가 들어가지 못해서 좌석에 앉아야만 했다. '내 욕심이 큰 건가?' 무척 힘들게 느껴졌다. 누가 잡아주지 않으면 옆으로, 앞으로 넘어지고 하는 상태. 차 안에도 장애인이 마음 편히 앉을 수 있는 안전장치가 한두 개쯤은 설치되었으면 좋겠다고 차를 탈 때마다 생각해 본다.

드디어 호텔에 도착했다. 우리가 묵는 방은 2층이고 계단이 있어 이번에도 선생님이 나를 안고 방에 들어갔다. 그곳 안내자는 "필요한 건 거의 다 있으니 불편한 점 있으면 언제든 연락 주세요" 하고는 휭하니 가 버렸다. 거실에는 흔하디 흔한 티브이도 없었다. 방에는 구닥다리 라디오 하나 그리고 그 옆에는 화장실이 있는데 화장실 턱이 높아 마음 놓고 들어갈 수도 없었다. 하는 수 없이 불편을 뒤로하고 세숫대야도 없이 쌀통에 물을 받아 씻었다. 하루 동안 피곤이 쌓여서인지 금방 잠에 빠져들었다. 그리고 깨어보니 아침이었다.

'오늘도 여행이 시작되었구나!'라고 생각하며 우리는 아침 식사를 하기 위해 식당을 두리번거리며 찾아다녔다. 겨우 찾은 식당에서 하루를 버티기 위해 그런대로 아침을 맛있게 먹었다. 그리곤 겨울연가로 유명한 연인의 길을 산책하였다. 아침 공기가 너무 맑았고, 비록 나는 휠체어로 가야 했지만 최지우와 배용준 둘이서 걷던 그 길을 마음속으로 걸었다. 나도 애인이 있었다면 얼마나 좋을까?

나뭇잎 밟히는 소리가 깔끔하게 들려왔다. 이렇게 가을길을 걷고 있는 것도 행복하고 낭만적이라 생각이 들었다. 곧이어 강 쪽으로 갔다. 어젯밤에는 어두워서 배가 제대로 보이지 않았다. 그런데 이 재활원 건물이 들어갈 만한 큰 배가 있었다. 그 옆에는 작은 보트가 우리를 기다리고 있었다. 선착장에 올라 구명조끼를 입고 보트에 올랐다. 역시 옆에 선생님이 잡고 올라야만 했다. 타는 중에 왼쪽 팔이 딱딱한 모서리에 닿아 힘에 눌려 통증이 왔지만 보트가 움직이는 것이 놀이기구를 타는 것처럼 재미있었다. 우리는 함성을 지르고 사진도 찍기 바빴고 작은 배가 정신없이 흔들어대 그것에 맞춰 온몸이 저절로 춤을 췄다.

우리도 배를 이용할 수 있다는 것이 새롭게 느껴졌다. 마치 청룡열차를 타는 느낌. 그런 느낌을 갖고 다시 어디가 좋을까 산책길을 나섰다. 또다시 최지우와 배용준의 사진이 걸려있는 그곳으로 향했다. 나도 꽃들이 피어있는 곳 가까이에서 사진을 찍었다. 은행알들이 휠체어 바퀴에 뭉개지는 동시에 똥 냄새가 진동했다. 반면에 청소부 아저씨가 빗자루에 예쁘게 하트 모양으로 쓸어 모았다. 우리는 계속해서 감탄을 했다. 그리고 추억의 도시락집에 가서 점심을 먹었다.

내가 어렸을 때 보았던 학창 시절 도시락 느낌이어서 정겹게 다가왔다. 불편한 점은 휠체어가 똑바로 들어갈 수 없어 비스듬히 앉아 먹어야만 했다는 것이다.

그렇게 점심시간을 마치고 한 군데 발견한 곳이 있었다.

해님과 달님이라는 라이브카페였다. 휠체어가 들어갈 수 있는 곳이었다. 3, 40대 취향이라서 감상에 푹 빠졌다. 노래도 따라 불렀고 달님이라는 가수와 사진도 찍고 고맙게도 CD 한 장을 가면서 들으라고 선물까지 받았다.

벽에는 메모지가 붙어 있었다. 나도 "강처럼 흐르는 우리의 삶도 편안하게 흘러갔으면" 하고 한마디 남기고 나왔다. 집으로 돌아오기 위해 배를 탔다. 강물이 햇살에 부딪혀 빛이 반짝반짝 빛나고 있었다. 우리는 배에서 내려 1박 2일의 여행의 막을 조용히 내렸다.

행복(幸福)

우중충한 공간에서 나와 보니 찬물에 얼굴을 씻은 듯 하늘이 반질반질하다. 잔디가 빳빳이 고개를 쳐들고 있다. 힘이 있어 보여 덩달아 강해진다. 비 와도 축 처진 생활이 아닌 초록이 가득한 삶을 이루어 가야 한다.

다양한 모습으로 모여 사는 세상 속, 때로는 해바라기처럼 서 있는 사람도 있고 시원함을 몰아다 주는 바람 역할을 하는 사람, 그리고 장미 속의 가시가 돋은 사람도 있어 마음에 가시가 찔려 눈물이 핑 돌기도 하나 소중한 존재들이기에 벌레 보듯 시선을 던져선 안 된다.

벌들도 필요성이 있기 때문에 아름다움을 지닌 꽃에게 다가가 엄마처럼 포근하게 포옹해주고 이 자리에서 또 다른 꿈을 꾸고 흰 구름 흔들의자에 앉아 단막극 같은 수필을 써 널리 씨 뿌리듯 뿌려본다.

헌 옷 벗어치우자

여자가 독을 품으면 한여름에 서리가 내린다는 옛 속담이 있다. 전에 내 모습을 확 집어치우고, 공부도 못 하는 나였지만 이제 혼자서 뭔가 할 수 있는 일을 찾아 노력할 것이다. 이제 책벌레가 되고 지식을 머릿속에 차곡차곡 쌓아두어 글로 세상에 나아갈 것이다.

'희망을 향해 천천히 걸어가 보면 등불이 밝혀지는 날이 올 거야. 더 이상 구차한 모습 보이지 말고 너 자신을 믿어 봐. 믿으면 녹슨 날은 가고 새날이 찾아올 거야.'

그날을 기다리며 서서히 겸손과 기쁨을 키우고 슬픔은 강 속으로 흘러버리고 예쁜 오리 한 마리로 강 위를 걸어 다닐 것이다.

내가 맞은 한 살 추석

재활원에 있을 때는 추석 행사에 참석하고 싶지 않아도 그 자리에 있어야만 했고 식구들과 늦도록 무엇인가를 먹으며 수다도 떨지 못하고 잠만 잘 뿐이었다.

난 항상 그런 것이 좋지 않았다. 그런데 요즘은 독립해 변화가 있는 것을 온몸으로 느끼고 있다. 이를테면 내 집에 아는 동생을 불러 함께 배불리 음식을 먹이고 뒹굴뒹굴하다가 잠들어 눈을 떠보니 해가 중천에 떠서 나를 바라보며 '일어나 밥 먹어'라고 해 아점을 먹기도 했다.

또한 집단생활을 하다 보니 내 친척이나 가족이 찾아와도 왠지 모를 눈치가 보여 엄마는 사회복지사에게 줄 것까지 챙겨야 마음이 놓이시는 것 같았다.

방에서 가족들과 밥을 먹기란 어려운 부분이었다. 시켜 먹자니 열 명 넘는 시설 식구들이 계속 왔다갔다 해 방에서 식사를 할래야 할 수 없었다. 그래서 난 가까운 음식점에 들려 가족들과 함께 먹으며 시간을 보냈다.

지금은 자립을 해서 처음 맞는 추석날에 잘 챙겨주시는 양엄마가 내 집에 남동생과 함께 오셨다. 가장 행복한 것은 정성껏 집에서 추석 음식을 바리바리 싸 오신 것이고 손수 도토리 알을 산에서 주워 오신 것이다. 그게 부모님 마음인가 보다. 아차! 남동생이 나에게 준 선물은 양념갈비와 고장 난 나의 노트북을 고쳐줘 인터넷이 굉장히 빨라진 것이다.

더 행복했던 것은 내 방에서 식사를 함께했다는 점이다. 이런저런 얘기도 나누고 당신의 손으로 밥을 떠먹여 주셨다. 정말 세상에서 가장 맛있는 식사를 한 것 같다. 이런 일들이 내가 하고 싶은 것 중 하나였다. 누구에게나 정돈된 나를 여태껏 보여 왔고 보이고 싶은 마음이다. 그런데 좀 전까지만 해도 허리가 멀쩡했는데 삐끗하더니 중환자가 되어 가족을 맞이하게 되었다. 그리하여 미친 듯이 진통제를 입안에 넣기 바빴다. 다행히 통증을 어느 정도 가라앉은 후라 침대에 누워 머리는 산발, 세수는 간단히, 양치도 가글로 간단히 하고 양엄마를 맞이했다.

"은복아! 너 왜 누워있어?"

나는 아프다는 말을 못 하고 그냥 엄마만 바라보고 있었는데, 그때 마침 양 쌤이 "언니 지금 허리 아파요!"라고 해 들켜 버렸다. 하지만 솔직한 것도 있어야 진정한 가족인 것 같다.

"너희들 싸우기 도해?"

"네…"

"여느 사람과 똑같이 화낼 때 화내고 싸울 땐 싸워요…."

엄마는 피 터지게 싸우라고 농담도 건네셨다.

"누가 이기냐고…"

"내가 이겨요!" 했더니

"네가 언니잖니. 봐줘라!"

그게 맞는 말씀이라고 생각했다.

처음으로 식사 때 기도를 내가 하고 엄마는 찬송을 부르자고 하시며 말씀을 읽고 간단히 우리 식구와 예배를 드렸다. 난 허리는 아팠지만 자립해서 처음 맞는 추석이 나에게 있어 참 행복한 모습이라고 생각을 했다. 전에 사둔 선물 꾸러미를 드렸더니 엄마는 "아이고… 내 딸… 예쁘기도 해라!" 하시며 내 마음을 받아주셨다. 내가 심사숙고해 지하상가에서 3벌의 옷을 사드렸다. 이렇게 하여 정을 나누고 나의 첫 추석을 보름달처럼 자립의 씩씩한 발걸음을 내디딘다.

4부

소망과 엔도르핀이 손잡는 날

요란스럽게 천둥 번개와 비가 오던 날, 한강 유람선을 타러 엔도르핀 식구들과 소망원 식구들과 함께 갔다.

웬걸, 떠나기 직전부터 조짐이 좋지 않았다. 도착해보니 천천히 버스 유리창에 빗방울이 한 방울 두 방울 떨어져 허옇게 성에가 번졌다. 오던 길을 다시 되돌아갈까 하다가 망설임 끝에 그냥 밖으로 나왔다. 뚝뚝 머리 위에 비가 내리기 시작해 머리카락이 목욕을 하고 있었다. 어떤 아저씨 한 분이 날렵하게 우산을 받쳐줘 반가운 엄지 언니에게 한걸음에 달려갔다. 서서히 폭풍우가 나를 꿀꺽 삼키고 도망갈 것만 같았다.

- 얼굴도 모르는 사람들이 비를 피하기 위해 우르르 한 곳에 떼를 지어 모여들었다. 그 모습이 전쟁 피난민 같았다. 오들오들 떠는 모습에서 어떻게 하면 살아갈까 하는 큰 욕망이 보였다. 우비를 걸치고 호랑이 같은 날씨가 물러나기만을 고대하는 그들.

차츰차츰 강바람이 잔잔해져서 유람선을 타기 위해 그 입구에 올라탔다. 배 좌석에 앉아 있다가 난간에 나와 한강을 바라보았다. 넓은 한강을 돌고 있었다. 물결은 제 맘대로 춤을 추었고 인내심을 전해 주는 것 같았다. 배 위에서 한 가족이 되어 노래도 부르고 초콜릿도 쪼개 먹었다. 어느새 행복한 시간이 강 속으로 흘렀다. 어울리다 보니 쨍쨍한 햇빛이 우리 몸을 끌어안았다.

엔도르핀 가족들은 시원한 미소로 우리에게 다가와 주었다. 우리는 마냥 즐거워했고 서로가 얼마나 소중한지를 알게 해주는 시간이었다. 강물처럼 조용한 마음으로 다시 일상으로 돌아간다. 우리 삶은 어쩜 배를 타고 있는지도 모른다.

비 오는 날에

운치 있고 마음까지 젖는 빗소리가 들려오는 날이면 나도 모르게 표정이 굳어진다. 어느새 각종 인생의 맛을 알아가는 지금은 내 이맛살도 구겨지고 만다. 그날도 역시 회색 구름이 하늘을 감싸 안고 있었고 별생각 없이 내 발길은 영어 공부도 할 겸 아늑한 그곳에 도달했다.

그곳에서 따뜻한 차를 마시고 입김을 열심히 뿜어내며 "공부는 다음에 해요."라고 내가 인자하신 선생님께 말씀드린 후 시간이 흘렀다.

한참을 머물다가 누군가의 "비가 오네요."라는 소리에 아뿔싸! 내 머릿속은 여러 가지 생각으로 어지럽혀 있었고 혼자의 길이라면 이까짓 비쯤이야 하고 가벼운 마음을 갖고 갔을 텐데, 옆에 함께 간 동생이 있어 쉽게 발길을 옮기지 못하고 있었다. 선생님은 혹여 내 얼굴에 비 한 방울이라도 맞을까 봐 우비로 최대한 내 몸을 덮어주며 우산을 펼쳐 들고 입구까지 나오셨다.

"괜찮아요. 들어가셔도 돼요."라고 했지만 보디가드 역할을 해주셨다. 다 와서 비가 멈췄다.

내 기쁨 안겨다 주는 회색빛 나는 날이다.

종종 그분이 젊을 때의 내 아버지의 모습과 같다는 생각이 든다. 그래서인지 그분의 호칭은 선생님으로 불리지만 마음속에 전해지는 아버지의 사랑으로 데워져 있다. 비 오는 사회지만 푸른 초원에 서로 발길 닿는 관계로 남길 원한다.

자립생활 일기

어디론가 훌쩍 떠나고 싶은 이 가을, 6년 전 내 모습을 떠올려본다. 어떻게 하면 자립을 해 잘 살 수 있을까 하는 고민을 하였다. 고민이 산더미처럼 쌓여 시시때때로 포기하고 싶은 마음이 불쑥불쑥 솟구쳐 왔지만 '지금 못 나가면 안 돼'라며 다짐 또 다짐을 하며 버티어냈다. 그리고 용돈을 모아 모아서 10여 년간 주택청약과 적금을 부어 웬만큼 자금도 든든하게 모으고 나서야 가족들에게 겨우 허락을 받을 수 있었다.

시간이 흘러 드디어 재활원에서 나올 수 있게 되었다. 처음 얻은 집은 반지하집. 그다지 썩 내키지 않았지만 '이 집이면 뭐 어때 괜찮아'라고 생각했다.

시설수급자에서 일반 기초수급자로 바뀌어야 한다는 것이 마냥 초조감에 떨게 했다. 백 원이라도 좋으니 받을 수 있게 해달라고 간절하게 기도하고 또 기도했고, 하나님께서 정말 감사하게도 내 기도를 들어주셨다. 안도의 숨을 내쉬며 편히 잠을 잘 수 있었다.

따뜻한 봄에 신청한 임대아파트가 당첨되어 한솔마을로

이사를 왔다. 허름한 아파트인지라 벽은 온통 곰팡이 천국으로 내 눈살은 저절로 일그러졌지만, 한 달 반만에 새 아파트가 또 당첨이 되어 웬 떡인가 싶어 얼른 이곳으로 이사를 왔다.

어느 누구에게나 자립생활이 허기질 때도 있고 배가 든든할 때가 있다. 하지만, 내 삶의 질을 높이고 좀 더 빛나게 민들레의 은은한 향기와 함께하는 사랑을 풍겨나가는 자립생활이고 싶다.

여름 선물

마당에 서 있으면 공중에서 불이 서서히 내려오고 있다. 불덩이를 끄기 위해 냉수를 퍼 뒤집어쓰고 시원한 촉감에 의해 행복으로 바꿔어 나간다. 오늘도 들판에서 더위를 친구삼고 있었는데 웬 트럭이 나를 향해 달려왔다. 그것은 태백 씨가 보내준 옥수수. 우리의 삶도 구수하게 살라고….

나를 이어주는 사람들이 있어서 탄탄한 옥수수 대처럼 생활하고 있다. 내가 살아가면서 옥수수 수염처럼 풍성하게 그분들에게 잘 익은 노오란 알갱이로 다가가고 싶다. 이 순간 깊은 계곡에 들어간 것처럼 마음이 시원하다.

가을 집

이제는 사회인으로서 멋지게 사는 여성이 되고 싶다. 그러려면 일을 해야 한다. 전에는 일을 한다고 했지만 한 것 같지 않았다. 현재 난 월급을 받으며 일을 해서 당당해졌고 어느 누구에게도 뒤지지 않는 모습이다.

이번 가을엔 아파트 생활이 안정되고, 더 나아가 내 집 그리고 내 방을 그럴싸하게 꾸미고, 구수한 된장찌개 향도 풍기고, 매콤한 라볶이도 해놓고, 친구들을 불러 배고픔을 잊게 해줄 것이고, 그날 기분에 따라 다른 맛을 느끼는 소주 한 잔 걸쳐 인생 시간을 갖는 것은 어떨까. 컴퓨터 볼륨을 높여 노래를 틀어놓고 흥얼흥얼 노래를 불러 쌓인 스트레스도 노랫가락 속으로 흘려 보내주는 그런 친구 집.

언제나 웃음소리로 가득한 내 집이고 싶다. 지나가는 동네 꼬마 어른 할 것 없이 부러운 눈빛으로 "저 집은 행복이 피었네." 하며 가던 발길도 멈출 수 있는 안정된 나의 독립 생활.

어느 여성처럼 외모에도 신경을 쓰고 책 한 권 들고 문밖을 나서 지하철에 앉아 창밖을 내다보며 오늘도 한 장 한 장 가을 낙엽 위의 나에게 편지를 써서 집으로 보낸다.

꿈을 나누기 위해

나는 '함께 고! 자신감 업!'이라는 프로그램에 참여하기 위해 재활원에서 식구들과 함께 남한산성 길을 나섰다. 차로 이동하면 5분 거리. 다른 사람들은 벌써 도착해서 캠페인을 벌이고 있었다. 나는 바쁜 걸음으로 가도 가도 끝이 안 보이는 돌부리뿐인 길을 가고 있었지만 마음은 바람이 된 듯이 나서고 있었다.

전동휠체어 타고 재활원 뜨락이나 슈퍼, 은행, 시장을 가볍게 드나들었던 나였으나 오늘은 내가 전동휠체어를 끄는 건지 그것이 나를 끄는 건지 모르겠다. 땀을 흘려가며 목적지에 도착한 나. 어느새 미안한 마음이 꼬리를 들었다. 어렵게 갔는데 내가 딱히 할 만한 것이 없어서 구름이 마음에 들어찼다. 공기들은 힘차게 날아다니고 있었다. 나뭇잎이 노오란 미소를 띠고 있어서 그들과 잠시 평화로운 시간을 보낼 수 있었다.

살다 보면 고르지 못한 길을 걸을 때도 있다. 어떤 일을 할 때 쉽게 포기하는 경우도 있지만 강한 잡초가 되어 노오란 꿈을 펼치고 싶다.

짬뽕 같은 날

한겨울에 내리는 눈은 다들 좋아한다.

소리도 없이 눈발이 휘날려 방 안 한가운데서 밖을 바라보면 아늑하다. 금세 누워 있다가 밖으로 뛰쳐나가 눈발을 뒤집어쓴다.

똘똘 뭉쳐 마당 한가운데 깜찍한 눈사람 만들어 놓기도 하고 옆에 친구와 눈밭에서 뒹굴고 서로 집어 던지는 싸움을 하기도 해 제맛을 알게 해주는 눈.

요즘에는 이 눈이 다르게 받아들여진다. 삼십 대 중반만 해도 첫눈 내리는 것에 가슴이 벅찼다. '이제 겨울이 왔구나. 소원이 이루어지겠구나.'라는 생각에 더 마음이 하얗게 덮였다.

저물어 가는 계절 속에서 찾아오는 이들의 말은 "지금 빙판길이어서 엉덩이 꽈당하고 길은 지저분해서 힘들게 왔어."라고 내게 얘기했지만 "그랬었구나." 대수롭지 않게 여겼던 세월.

현재는 눈에 대한 개념이 180도 바뀌게 됐다.

외출이 잦은 요즘, 눈만 오면 벌써 종잇장 구겨지듯이 이맛살이 저절로 구겨지고 있다. 어제도 내 마음은 바닥에 깔린 흙과 눈으로 범벅이 되고 말았다.

내가 직접 문화센터에 가서 수강 신청도 하고 강의도 들어야 하는데 무거운 마음으로 집에만 머물러 있어야 했다. 폭탄처럼 일이 터져 뜨거운 연탄이 된 정신없는 나를 볼 수 있다. 전동휠체어 수리하는 기사가 와서 "앞바퀴가 잠겨 있어서 작동이 안 된 것이었어요."라고 말했다. 그 순간 타보니 움직여서 민망스러웠다. 촐싹촐싹 대며 들어가는 순간 방문턱에 걸리는 듯해 다시 운전대를 요리조리 돌려 보니 아니나 다를까 이전과 똑같았다.

'왜 이토록 점점 삶이 고단해지는 걸까'

뭉툭한 생각에 의해 눈물이 왈칵 쏟아졌다. 다시 담당자에게 "어쩌죠. 또 안 가요" 창피한 마음을 전파 속으로 흘려보냈다. 다시 기사가 와서 손을 봐주었다. "모터가 녹슨 상태이니까 멈출 수가 있어요. 다음에 모터를 갈아야 해요."라고 말해주며 바쁜 걸음으로 문밖을 빠져나갔다. 요리조리 쪼개어 모은 적금 통장이 내 머리 사이를 가르고 지나갔다. 아깝지만 다음번엔 아예 새 차로 세팅을 해야겠다고 마음을 멋지게 먹었다.

용인에서 지낸 이야기

8개월 만에 용인에 있는 우리 집으로 여름휴가를 떠났다.

오랜만에 보는 엄마는 꼭두새벽부터 일어나 주방에서 아침 준비하며 "동생 은영이 보고 화장실 가는 것 도와달라고 해. 민정이도 있으니까 도움 청해."라고 하셨다. 나는 과감하게 "엄마, 일 안 가면 안 돼?"라고 했지만, 엄마는 버스 타고 일터로 향했다. 서운했다.

대신 아버지가 밥상을 가져오셨다. 간만에 아버지의 따뜻한 손길을 느껴서 행복했다. 은영이도 이것저것 잘 챙겨주고 조카 민정이는 난생처음으로 씻는 것을 도와줬다. "이모, 어떻게 해줄까? 방법을 말해줘."라고 하기에 내 방식을 알려줬다. 꼼꼼하게 양치와 세수를 해줬다. '우리 민정이 참 잘 컸네.'라고 생각했다. 대견스러웠다. 민정이는 내가 심심할까 봐 TV도 함께 보고 영화도 봤다.

한 시쯤에 "이모 나 도서관 갔다 와도 돼? 책 빌린 거 반납해야 돼서. 올 때 뭐 사가지고 올까?"라고 하기에 난 얼른 "매운맛 나는 치킨" 하고 말했다.

TV 보다가 달콤한 낮잠에 들었다. 멍멍이 소리가 들려 깼

더니 민정이가 큰 봉지 하나를 들고 왔다. “이모! 맛있는 치킨이 왔어!”, “야호!”

치킨을 허겁지겁 먹었다. 매운맛이었다. 민정이 한 입, 나 한 입. 민정이는 나무젓가락 하나로 입에 넣었다 뺐다 했다. 아무런 거리낌 없이 그렇게 하는 모습이 기뻤다. 엄마 말고는 수저를 같이 쓰는 가족이 없었는데 민정이는 특별하다.

치킨을 다 먹고 조카의 침대에 올라가서 누웠다. 그 방은 공주방이다. “이모 나도 내 방이 생겨 좋아. 근데 놀아줄 사람도 없고 심심해서 인형하고 자. 얘는 누룽지야. 색깔도 누렇고 몸이 작아서 그렇게 불러.” 누룽지와 셋이서 나란히 침대에 누워서 도란도란 얘기를 나눴다.

그러다 내가 떠나야 할 시간이 한 시간 정도밖에 남지 않아 떠날 준비를 했다. 그전 같았으면 마음이 싱숭생숭했을 텐데 왠지 그런 느낌이 안 들었다. 내 자신이 놀라웠다. 이번 휴가 동안 민정이 덕분에 공주처럼 지낸 시간들이 소중하게 간직될 것이다. 다음 휴가 때 다시 올 희망을 품고 차에 올랐다.

슬픈 모습

방 안 가득 박스들과 짐들이 놓여져 있다. 저들은 어디로 방향을 틀어야 할지 몰라 마냥 지친 눈망울을 하고 있다. 나는 곧 깜깜한 창고 속으로 들어가 있어야 되는 신세이다.

사방팔방 몸들이 흩어져 차디찬 쓰레기통에 들어가서 잿빛으로 남고 넓은 장롱 안에 들어가서 구겨진 마음의 남방 막 다리미질해 탁탁 털어 옷걸이에 걸쳐지고 허전했던 네모난 책상 위에 빼곡히 좋은 냄새 풍기는 책들, 파일 곳곳에 채워주고 나는 10월에 또다시 크고 작은 몸집으로 들어가 빈 집을 꽉 채우고 나의 이 열기로 인해 세상 속에서 내 인생을 꿈의 벽지로 페인트칠한다.

-재활원에 있었을 때 한 방에서 생활하다가 그 방을 비워주고 자립하기 직전 이야기

내 복지카드를 되찾기 위하여…

얼마 전에 영화관에 가서 티켓을 구매하려는데 복지카드가 필요해서 지갑을 열어보니 복지카드가 없었다. 순간 내 머릿속은 복잡해졌다. 어쩌지 하며 발을 동동 굴렀다. 그냥 되돌아갈까 하다가 혹시나 주민등록증을 내면 되지 않을까 하는 기대감으로 주민등록증을 냈다. 다행히도 반값에 영화를 볼 수 있었다. 빠른 시일 내에 복지카드를 재발급을 받아야겠다는 생각이 들어 가까운 동사무소에 가서 나 혼자의 힘으로 복지카드 재발급을 받았다. 오는 길에 날씨가 갑자기 흐려져 우산도 없이 보도블록 길을 걷다가 어느 꽃집 가까이에서 전동휠체어 바퀴가 화분 하나를 살짝 부딪혔다. '어머 깨졌으면 어쩌지?' 하는 생각에 겁이 덜컥 났지만 꽃집 주인이 "언니 괜찮으세요?" 하며 나를 안심시켜주셨다. 나는 "죄송합니다."라고 사과를 드렸다.

그런 중에 굵은 비가 내려서 꽃집아주머니께서 우산을 받아주신 그분은 알고 보니 우리 재활원 식구의 어머니였다. "혼자 어디 갔다 오세요?"라고 물어서 "동사무소 일 보고 와요."라고 말했더니 "힘드시지 않으세요?"라고 물었다.

“제가 할 수 있는 건 해야죠.”라고 말한 뒤 힘차게 발길을 집으로 향했다.

삐삐와 다락방 속 여행

청명한 가을 하늘 아래 강원도 평창 진부로 1박 2일 여행을 떠났다. 그곳은 유명하게 이름난 곳이다. 다양한 종의 양떼들이 있는 목장과 바다는 우리의 가슴속에 있는 찌꺼기를 흡수해 주고, 솜털처럼 흰 파도가 꽃구름으로 쫙 펴져있다. 진한 초록빛의 나무들이 반갑게 맞아주었다. 나도 바다의 깊이를 닮아가는 모습이었으면 좋겠다. 알니라 펜션은 동화책 속에 나오는 백설 공주와 일곱 난쟁이들이 모여 있는 난쟁이들의 집 아니, 어쩜 70년대 말에 한창 TV에서 열광적으로 시청해왔던 말괄량이 삐삐의 다락방처럼 아기자기하다.

나는 은희 언니와 20년 넘게 지내왔다. 언니를 처음 만났을 때 언니는 꽃다운 나이였다. 목소리가 엄청 크고, 한 고집했다. 정상인이었으면 사회에 큰 인물이 되어 멋진 직분을 가진 여성으로 살 수 있었을 텐데 하는 안타까운 마음이 든다. 언니는 자기가 마음먹은 일이 있으면 기어이 해내야 직성이 풀리는 사람이다. 영혼이 맑아서 눈을 바라보고 있으면 누구나 쉽게 빠져든다. 언니의 아끼는 가방을 청소한다고 잠시 치워놓으면 무섭게 화내는 언니로 기억에 남았었는데 알면 알수록 맑은 영혼의 마음이 나를 잡아끈다. 그 언니의 부모님은 아픈 딸이기에 나를 이해해 주셨고, 형제들 또한 같은 마음으로 나를 대해 줬다. 은희 언니가 첫째 딸, 그 밑에 선희 언니가 둘째 딸, 남동생 2명과 늦둥이인 어린 남동생까지 총 5남매이다. 사람은 사랑 속에서 자라야 나이 먹어서도 다른 사람들에게 인정을 받는다고 생각한다. 현재 언니의 모습을 보니 그렇다.

선희 언니가 펜션을 차리고 나서 "언제 한번 꼭 놀러 와라. 아주 멋져! 그 안에서는 강이 보이고 바깥이 다 보여. 불편함이 없어."라고 말했다. 실제로 가보니 감탄이 호흡을 통해 절로 나왔다. 우리가 찾아간다고 해서 언니가 준비를 단단히 해뒀다. 처음으로 회를 먹었다. 아무 데서나 맛보기 어려운 맛난 우럭 회. 그것을 내 입속으로 한없이 집어넣기 바빴다. 저녁은 바베큐를 먹었다. 동네 아줌마들이 우르르 몰려오셔서 의자에 앉으시는 분 한 분 없이 모두 서서, 손이 불편한 친구들의 식사를 정성스레 도와주셨다. 식사를 끝낸 후 모닥불이 마당 한복판에 훨훨 타오르고 있다. 생활 재활 교사들과 우리 모두는 불꽃놀이 하는 것을 보기 시작했다. 밤하늘을 향해 펑펑 총알을 터뜨리는 불꽃이 꼭 화성 빛 같았다. 희망이 담긴 총알을 더 높이 쏘아 올린다. 그 모습은 별들이 부서져 사방팔방 흩어지고 있는 것 같았다. 모닥불은 이웃집 아저씨가 주신 거라고 선희 언니가 말해 주어 알았다. 시골은 따뜻한 정이 흠뻑 배어 있음을 가슴 깊이 느낀다. 시골 하면 딱 떠오르는 것이 있다면 덩치 큰 멍멍이를 빼놓을 수 없다. 밥 먹기 전 선희 언니가 갈색 털을 지닌 '범예'라는 개를 보여줬다. 어떤 친구는 겁을 잔뜩 먹어 저 멀리 도망을 가기도 하고, 범예가 가까이 다가서면 손으로 쓰다듬는 친구도 있다. 그 친구들은 범예를 오랫동안 기억해 두기 위해 사진을 찍는다. 범예는 우리가 낯설었는지 꼬리와 다리를 정신없게 흔들어 대고 집으로 몸을 숨긴다. 이리 뛰고 저리 뛰는 그 모습에서 묻어나온 세 아이의 엄마라는 이름은 강하고 그 모습은 아름다운 원더우먼으로 보인다. 자기밖에 모르는 요즘 시대의 사람과는 다르게 옆에서 잠도 함께 잤다. '우리는 정말 한 가족이구나'라는 생각이 든다. 나보고 웃으면서 '이년아' 하는 것이 참 정겹게 들린다. 그만큼 날 가족으로 인정해 주는 것이기 때문에 행복하다. 우리는 강원도에서 진정한 삶이 어떤 것인지 깨달았다. 사람들은 자기가 받는 것만 중요시한다. 하지만 조건 없이 주는 사람이 아름답고, 그 사람의 품위가 넓혀지는 삶이다. 짧은 여행이었지만 남을 배려하고 섬기는 마음가짐을 배웠다. 둥글둥글 돌아가는 지구의 모습처럼 혼자만의 세상이 아니라 어려울 때 서로 손잡아주는 따뜻한 세상으로 한 걸음 한 걸음 내디딘다.

샛별과 나들이

봄바람 살랑살랑 불어오는 어느 일요일에 샛별이랑 단둘이 보냈었던 그 시간들을 흰 구름 노트에 담으려 한다.

매주 일요일마다 그녀의 얼굴을 마주한다. 샛별이는 개인병원 영상학과에서 일하는 간호사다. 여러 명의 닥터들을 대해서인지 "은복 님, 은복 씨"라고 부르는 것과 달리 샛별이는 '선생님'이라고 호칭을 써주어 내 인격도 함께 달라진다.

그녀가 찾아오는 날에 어쩌다 내 지갑이 두둑해지면 초콜릿을 사서 함께 먹었다. 손이 자유롭지 못해 누구의 도움 없이는 마음속에 아픔들을 시나 수필로 대신할 수밖에 없었다. 컴퓨터 작업을 바쁘게 하느라 미처 마음 놓고 옆을 돌아볼 수가 없었는데 서서히 시간이 강물처럼 흘러 피붙이처럼 가까운 관계로 형성되었다. 한 달 전에 나는 뭔가 새로운 것들을 남기고 싶은 마음에 밖으로 나가기로 약속을 철석같이 했다. 드디어 나와 그녀는 약속한 날이 다가와서 들뜬 기분으로 봄 단장을 하고 재활원식구들이 자주 들려주었던 백화

점(세이브존)까지 빠른 걸음으로 날아갔다.

샛별이는 뒤에서 숨을 가쁘게 몰아쉬며 마라톤 달리듯이 달려 발바닥이 벌겋게 익을 만큼 불이 나도록 쫓아오고 있었다. 전동휠체어 운전대를 잡으며 '어느 길이 좋을까?' 하고 생각하다가 얼른 지름길로 빠져나갔다. 15분 만에 그곳에 도달한 순간 "야호!" 환호성이 목을 타고 흘러나왔다.

마냥 싱글벙글한 얼굴이었지만 아침밥을 걸러 힘이 없는 상태라 배가 고팠기 때문에 우리는 식당에 들러 육개장과 따뜻한 밥 한 공기를 둘이서 뱃속에 두둑이 쌓아놓았다. 든든한 배를 이끌고 '베스트셀러'라는 영화를 보기 위해 어두운 영화관으로 몸을 숨겼다. 공포와 잔인함이 섞인 장면들이었다. '사람은 원한을 사면 안 된다'라는 교훈을 얻게 한 작품이었다. 여주인공을 맡은 '엄정화'는 예리한 성격으로 등장한다.

그녀는 작가라서인지 더 예민한 모습으로 등장했었다. 나도 시를 쓰는 사람이라서 충분히 그 모습에 공감할 수 있었다. 샛별과 나는 쇼핑을 하다가 스카프 매장에 들렀다. 샛별이 "선생님, 혹시 필요하신 거 없으세요? 제가 선물해 드릴게요."라고 하며 이것저것 들었다 놨다 하다가 자기가 모델도 해 보았다. 그중 내가 고른 건 공주틱한 레이스 모양의 분홍색 스카프이다. 잠시 후에 핸들을 액세서리 코너에 돌려 멈추고 귀걸이, 목걸이, 시계, 헤어밴드 등을 구경했다. 그들이

'우리 참 이쁘죠? 데리고 가서 언니들의 매끈한 팔, 허전한 목과 흐트러진 머리에 걸고 다니시며 자신에게 사랑을 주고 자랑하면 어떨까요?'라고 가만가만 속삭이고 있었다.

샛별에게 "내가 선물할게 골라봐."라고 말했지만 그녀는 여러 개를 만지작거리다 물건을 내려놓기만 한다. 곧이어 앞서 핀과 헤어밴드가 자리하고 있는 방향으로 가까이 전동 휠체어를 돌려 "맘에 드는 거 있으면 어서 골라!" 했지만 좀 전과 같이 물건을 들었다 놓았다를 반복할 뿐이었다. 그 틈을 타서 "저기요, 언니! 괜찮은 헤어밴드 저 좀 보여주세요."

몇 녀석이 내 눈 앞에서 정신없게 왔다 갔다 했다. 나는 내심 기념으로 샛별에게 줘야지 생각을 한 후 '긴 머리에도 소화를 시키겠지?' 안경 모양의 헤어밴드를 잡았다.

샛별이 다가와 하는 말 "괜찮겠어요? 가격이 꽤 나가는데…" 내 머리에 써 봐도 잘 어울렸다. "우와, 선생님 물건 고르는 눈썰미가 높으신걸요! 스카프도 잘 고르셨고."

한참 가는 길에 잠시 멈춰 서서 "샛별아, 고마워, 선물을 해줘서… 우리 샛별을 생각하면서 잘 하고 다녀야지.", "너도 헤어밴드 써봐. 우와, 이쁘다.", "이렇게 좋은 걸 절 주다니요."라고 말하며 눈이 왕눈이처럼 휘둥그레지는 모습을 보니 행복했다.

돌아오는 길에 개나리, 벚꽃도 구경하였다. 우리가 모녀

지간인줄 알고 "엄마와 딸이세요?"라고 옷 파는 아주머니께서 물어왔다. 몇 년 전만 해도 이런 소리를 듣고 나면 '벌써 내가 이렇게 됐나?' 슬픔이 고여 들었었지만, 지금은 그녀가 좋아서인지 그 소리가 정감 있게 들리고, "네, 맞아요!" 답변하고 지나간다. 샛별이 하는 말 "좋아하는 사람끼리는 닮지요.", "하긴 우리는 이모, 조카 사이이지요."라며 아쉬운 마음을 접고 집으로 돌아왔다. 내게 있어 힘들 때 잠시 쉬어가는 조용한 호수 같은, 까슬까슬한 마음이 없는 그녀이기에 오늘 달콤한 하루를 보낸 것처럼 그녀와의 만남은 아이스크림처럼 오래도록 달콤한 맛이 났으면 좋겠다.

지하철에서의 만남

재활원에서 같이 생활하고 있는 동생들과 함께 분당 장애인 자립센터가 주관하는 '걸어가는 휠체어 사진전'을 관람하러 성남시청에 갔다. 말로만 듣던 새로 지어진 성남시청에 처음으로 방문했다.

우리는 잘 지어진 시청 건물에 눈이 휘둥그레져서 이리저리 둘러보았다. 하지만 그런 신기함도 잠시, 나의 머릿속엔 여러 가지 생각들이 몰려들었다. 이렇게 으리으리하게 시청을 짓는데 돈이 얼마나 들었을까? 차라리 그 돈으로 성남 시민들을 위한 편의시설과 장애인 콜택시를 좀 더 확대해 주지… 그러면 우리같이 거동이 불편한 휠체어 이용자들이 조금이라도 어려움을 덜 수 있을 텐데…

사진전을 다 관람하고 나서 우리는 금광동에 위치해 있는 재활원으로 돌아가기 위하여 장애인 콜택시를 불렀다. 그런데 콜택시 안내원이 한 시간쯤 후에야 택시가 도착한다고 한다. 우리는 할 수 없이 전철을 이용해 보기로 하고 성남시청에서 야탑역까지 낑낑대며 전동 휠체어를 타고 걸어갔다.

바람도 많이 불고 거리가 멀어서 힘이 들었다.

겨우 야탑역에 도착하였는데 어쩌다 보니 친구들과 헤어져 전철을 나 혼자 타게 되었다. 나 혼자 전철을 탄 것은 이번이 처음이었다. 순간 겁이 덜컥 났다. 왜냐하면 항상 자원봉사자와 같이 전철을 이용했는데 오늘은 어쩌다 보니 혼자 타게 된 것이었다. 지하철은 내가 걱정을 하든 안 하든 흔들흔들 잘만 가고 있었다.

한 5분이 흘렀나. 그 5분이 나에게는 반나절처럼 길게만 느껴졌다. 나는 정신을 가다듬고 옆에 있는 50대쯤 되어 보이는 아주머니에게 "아줌마 남한산성이 어디예요?"라고 물어보았다. 하지만 그 아줌마는 내 말을 못 알아들었다. 나는 몇 번이고 되뇌어서 말했더니 그 아줌마가 간신히 내 말을 정확히 알아들으셨다. "남한산성 가는 길이예요? 나도 같은 방향인데 함께 가요. 혼자 왔어요?", " 네!"라고 나는 씩씩하게 웃으며 대답했다.

그 아줌마와 난 지하철을 모란에서 내려 8호선으로 갈아타려는데 또 하나의 위기가 나를 기다리고 있었다. 정말 아찔했다. 모란역에서 8호선으로 이동하는 승강기가 고장이 나서 수리 중이라는 것이었다. 한 2분 정도 기다렸나? 엘리베이터 수리 기사가 이제 엘리베이터를 타도 된다고 하여 우리는 엘리베이터를 타긴 탔지만 엘리베이터 공간이 전동차가 간신히 통과할 수 있는 크기여서 낑낑대며 나왔다.

8호선 전철을 기다리면서 잠시 그 아줌마와 얘기를 나눴다. 그 아줌마는 "이렇게 혼자서도 잘 나오나요?", "힘들지 않아요?"라고 물었다. 그 순간만큼은 자신감 있게 " 네, 하나도 안 힘들어요. 행복한걸요" 하고 아주 크게 웃으며 씩씩하게 대답했다. 그분이 보기에 내가 정말 용감하게 살아가는 사람처럼 보였나 보다.

남한산성 입구까지 갔을 때 또다시 장애물이 기다리고 있었다. 전동휠체어를 이용하는 나는 리프트를 이용해야 하는데 그 리프트가 너무 빈약하고 떨어질까 봐 불안 불안하였고 움직이는 것도 슬라이드처럼 천천히 올라가서 나의 간이 콩알만 해졌다. 혹시나 떨어지면 어쩌지 무서웠고 사람들은 오가며 나를 구경거리라는 듯이 쳐다보는 그 시선들이 정말 싫었다. 거의 다 와서 나와 같이 동행해 주신 아줌마에게 "아줌마 성남중앙병원 아세요?"라고 물었더니 잘 안다고 했다. 우리는 재활원까지 무사히 도착했다.

이 글을 작성하면서 나는 여기까지 나를 데려다주신 그 아주머니에게 감사한 마음을 전하고 싶다.

카톡에 편지

이른 가을에 코스모스 같은 그녀를 만났다. 그녀는 평범한 이미지를 지닌 두 아이의 엄마이다. 그녀가 오는 날이면 왠지 모르게 생기가 돌았다. 그리고 밀린 숙제며 옷 정리며 내 할 일을 도와주었다. 차분한 목소리로 재미있게 책도 읽어줬다. 책을 읽으면 읽을수록 흥미 있게 들었다. 마치 성호에 목소리를 듣는 것 같았다. 그녀가 바빠 오지 않을 때는 무슨 말이 있나 궁금하기도 하고 기다려지기도 했다.

내가 현대아파트 생활하고 있을 때 그녀에게서 전화가 왔다. 그녀가 하는 말 언니에게 후원을 해주겠다며 계좌번호를 달라고 했다. 순간 어떻게 하지 하다가 고심한 끝에 감사하게 받자고 생각했다.

소망재활원에 있을 땐 자주 만나는 편이었는데 자립을 시작하면서 얼굴 보기가 어렵지만 그래도 마음은 항상 함께하고 있다고 여기며 그녀를 안지 7년이 흘렀다. 요즘은 코로나19 때문에 경제적으로 힘들텐데… 잔고 정리를 해보면 그녀의 이름이 찍혀져 있다. '최은희' 그녀는 촛불 밝혀주는 화

사한 사회로 문 열어주는 그런 존재, 카톡으로나마 "나, 행복하게 건강하게 하루하루를 열심히 잘 살고 있다"고 이렇게 편지를 쓴다.

나의 모습을 드러나게 해준 행사

꿈같은 일이 내 앞에 펼쳐졌다.

3주 전 시 시 낭송 대회가 있다고 이 프로그램을 맞고 있는 담당 선생님이 자기소개서와 읽을 시를 정해 달라고 해서 난 얼떨결에 장애인협회에 원서를 보냈다. 까마득히 잊고 있었는데 연락이 왔으니 연습을 하라고 말했다. 그래서 나는 버벅거리며 핸드폰으로 녹음을 하고 귀로 들어가며 메모지에 글을 읽었다. 이왕 할 거면 확실하게 하자는 생각으로 잘 안 되는 발음을 반복하고 또 반복해 11월에 그 마음을 갖고 감정을 살려 시를 외우고 또 외웠다.

당일이 되어, 여의도 여성 플라자 회관에서 '장애인 거주 시설 이용자 참여축제'라는 행사에 발을 들여놓았다. 반은 긴장, 또 반은 무감각한 감정으로 리허설을 끝냈다.

10분 후 지하 2층을 통과하여 오르고 내리고 할 때에 찬바람이 내 몸을 휘감았다.

본격적으로 축제가 펼쳐졌다.

속으로 '그래 최선을 다하자' 생각하였다. 시험 보는 느낌으로 하며 또다시 무대에 올라 낭송을 했다. 어떻게 했는지 모르겠고 그 시간이 한 시간처럼 느껴졌다.

끝나고 보니 무거웠던 마음은 가벼워졌다. '아휴 살았다'

빨리 집으로 가서 침대에 눕고 싶다는 생각밖에 들지 않았다.

옆에 같이 동행해주고 응원해준 동생도 무척 힘들어해 미안하기도 하고, 괜히 같이 오자고 했나 생각도 들었고, 선생님이 옆에서 덜덜덜 떠는 모습도 미안하기도 했지만 함께 시간을 보내주어서 마음만큼은 춥지 않았다.

곧이어 시상식이 시작되어 무대 위로 올라갔다.

장려상이 30만 원이라고 리허설할 때쯤 살짝 내 귀에 들렸지만 욕심을 내려놓고 시 낭송을 했다. 그때 "김은복 우수상"이라는 소리에 심장 박동이 높아졌고 상금 50만 원과 상패를 받고 나니 '와아 나에게도 이런 행운이 주어지다니' 생각했다. 내 눈은 어느새 감사의 눈물이 흥건히 젖어있었다.

'꿈이 아닌가?' 생각을 했지만 여기저기에서 '잘하셨어요, 축하드려요' 하는 인사말 속에 더욱 실감이 났다.

오늘의 행복도 꽃다발 안의 꽃잎으로 활짝 피워서 이 기억을 지우고 싶지 않다. 가을 새에게 달콤한 맛을 오래오래 느끼게 해주고 싶다. 앞으로 열정을 가지고 작가의 길을 가며, 자립도 화려한 무대처럼 하여 사회에서 쓰러지지 않는 꽃으로 피어나고 싶다. 시낭송회는 내 언어를 돋보이게 해준 시간이다.

5부

멈춰지길

비가 얄밉게 퍼댄다
차창 볼을 타고
덩달아 태양도 쓸려가고
허릿살 창틈에 껴 몸을 흔들어 대고
그대로 밖을 쳐다보고
까실까실한 무거운 나무토막 하나
휙 빗물 속으로 던져 버리고
그는 한강 다리에 걸터앉는다

11월의 느티나무

가을 새가 느티나무 위에서 빨갛게 나는구나
어깨에 11월을 얹고 바람 속에 나는구나
열 달을 보석처럼 윤기가 났나
다른 새에게도
초롱초롱 눈망울을 보냈나
파랑새로 잘 익은 감속 당분만
쪽 빨아먹는 존재였나
싸리 빗자루로 후회를
싹싹 쓸어버리며
흰 날갯죽지에 별 담고
다정한 새들과 시를 쪼개어 먹어
노란 날개로 나뭇잎 날리듯 꿈을 날린다.

그대

작은 아파트 베란다에 앉아
오래된 산을 먹물로
지워내고
회색 연필로
라일락 진달래
쓱싹쓱싹 피우고
행복한 집 지어 주고
영원 속 아늑한 화실에
꿈 하나 드려놓고
오가는 그림자들에게
즐거움 주고
초록 향기 가득한
차 한 잔 놓고
벽에 걸린 또 다른
나 자신을 바라보며
꽃들과 대화하는 그대

고맙다 선풍기야

자신의
머리를 돌려가며
끈적한 땀

말끔히
사이사이에 묻어있는 게으름까지
통풍시켜 줄게

흥겨워 이마에서
춤을 춘다

세월 먹은
흰 머리도 덩달아
은발 날려
어두운 곳 금방 환해진다

떡

나에게 따뜻한 떡이 찾아온다
삶에 따뜻한 정으로 다가와 주는 떡
쌀로 흩어져 있지만 방앗간에서 곱디고운

사람이 먹으면 힘을 뭉쳐 행복한
사회로 뭉쳐지게 하는 떡
종류는 여러 가지 형태로 있지만

그들도 보람을 느끼고 행복을 느끼고
또한 추운 방에서 있는 사람들에게
하루하루 희망을 떼어주어

달콤한 조청과 함께 어울리는 꿈을 나눈다
떡이 없으면 이 세상도 비어 있고
내 마음도 식어간 마음이지만
언제나 끈적끈적한 떡으로 인연을 맺어 부럽지 않다

꿈 하나

방 안에 묵은 먼지가
자욱하다

널브러진 베게 이불이
탁탁 털어달라 한다

앞날을 바람의 붓으로 그려
벽에 액자 하나처럼 걸어 놓는다.

달력

달력 안에 아라비아 숫자들이 주르륵 길을 잇는다
2는 앞도 안 보고 생각 없이 떠나갔다
곧이어 3이 불쑥 안개를 이끌고
하얀 길에 놓여 있다
1, 2, 3은 사람들의 언어 속에 사라지고
꽃 피는 4가 막막하게 매달려 있다
화장품 속에 빼곡히 제각기 다른 향기와
액체가 담긴 저들이 말한다.
뚜껑 열어서 더부룩한 속 좀 가볍게 해달라고 한다

노란 길 접어들면 새로운 시가 하나 가득 줄이 이어져
A4용지에도 목련으로 채워져 있다

공

축구공 하나가
이리 툭 저리 툭
선수들의
발에 치여 팽팽한
몸통은 어느새
쭈글쭈글해졌다
공이 축구장에서
공기를 달라고
때굴때굴 구르고
선수들 호흡에
펌프질하듯 다시 열정을
쏟아주기 원하는 눈빛이다

짹짹짹

새가 새벽 문을 열고
아침잠을 쪼아 먹여주는
너의 노랫소리가 참 정겹게 들리는
귓가는 신선한 목소리로
또 다른 삶의 터전 속에서
행복을 심어주고
힘껏 파란 잎 타고
날개 안에 오늘을 품는다

가을비는

유리창에
방울방울 매달려 있다
쪼르르 미끄럼 타는 그
아슬아슬 창틀에 내려앉아
아휴~ 엉덩이 아프다고
깨어진 내 몸은 길게 늘어져
나무속으로 스며들어
다시 하얀 이슬이 되어
공중으로 비명을 지르며
날아간다

열쇠

사람은 자기만의 열쇠 하나씩 갖고 있다
당신은 어떤 열쇠를 가지고 있나요?
하늘 문 열어 별들을 만져볼 수 있나요?
누군가와 마주하는 열쇠?
희망을 그리는 봄 열쇠가 필요합니다
그것이 없으면 숨이 턱 막혀옵니다

바닷속

삶 자체가 치통이다
치통 속에 벌레가 즐겁게 논다
어쩜
깊은 영혼에 잠을 흩트려 놓고
욕심을 먹고 산다
벌겋게 흠집을 낸 세상
그들이 죽어 줘야
싱싱하게 나무가 살이 오른다
꽃망울 피우기 위해 밤새 이슬 따먹고
일출봉에 올라 모든 것들을 수용한다

도로변 꿈을 품고 달린다

월 화 금
전동휠체어 바퀴로
가파른 길을 달린다
귤 맛난 시큼한 맛도 맛보고
오래 묵은 장처럼 사람들의
구수한 인정도 느끼고
바위 하나를 어깨에 올리며
어쩌다 시원한 바람 속에서
나무들 사이에
행복을 안고 밥벌이를 하러 간다
자유로운 꿈을 안고
나는 노을이 물든 다섯 시에
또다시 울퉁불퉁 길을 달린다

살구나무

봄 햇살 듬뿍 받은
살구나무가 아파트 난간 타고
넝쿨째 작은 텃밭으로 들어왔다

그 가지들은 구름이 녹아
온몸이 바이러스 퍼져
시큼한 맛이 나지만
이 여름 잘 견디라고

비타민 가루를 그녀에게 뿌려
이제 행복으로
빨갛게 볼터치한 얼굴로
안개가 걷힌 세상의 초록 바람
기다리며 서 있다

감나무

사랑이 열린 나무 한 그루
한낮엔 햇빛을 우산처럼 쓰고
밤이면 은하수 길 건너
시장 속 건너는 사람들
사이사이 빗방울 떨어져
갈라진 바위 손에 들려
그들은 바구니 속에 앉아
새근새근 잠이 들었다가
다시 눈을 떠
지나가는 나무에게 들려
주름진 동무의 배를 채워주고
콧노래 소리의
새벽 문 활짝 연다

고목나무

별도 달도 없는 빈
하늘 아래
고목나무 한구루가 서 있다

문득 어디에선가
굵은 장대비가 내려
살속 뼈 마디마디
영양분 다 빠진 잎새

아무일도 없었단 듯
세상은 잘만 돌아가
저 작은 소나무도 밉다

그리고 몹시 춥다

봉숭아 꽃은
빙그레 미소지으며
빨간 눈물 흘린다

가슴속 큰 바위 하나
내려놓는다

고목나무는
꽃들의 얼굴 볼 수 있어
그저 고맙다 한다

무서운 습관

물 종류는 원샷한다.
이십 대 때부터 빨리빨리 먹어야 한다는 생각에
어느새 습관이 됐다.
커피숍에 가도 조금조금 마시는 게 아니고
두세 번 입에 대면 빈 컵이 된다.
남들은 음미해가며 마시는데
덩그러니 빈 컵만 보일 때가 많다.
어쩌면 시간이 없을 경우 빨라서 좋고
시간을 아낄 수 있어서 좋고
반대로 향을 맡아가며 하얀 김이 올라오는 모습도
보고 싶을 때가 있다.
김 속에 행복도 피어오를 수 있으니까
그 느낌도 느끼고 싶은데 습관은 버릴 수가 없는 것 같다.
뜨겁지 않은 이상 커피든 물이든 단숨에 마신다.
반대로 식사할 때는 남보다 다섯 배 이상 느리다.
그 또한 내게 있어서 부정적으로 다가온다.
그렇지만 맛은 느낄 수 있어서 좋다.

동그라미

오늘 그리고 먼 미래
기쁨 희망 평화 조명 빛 아래
12월 축제 한껏 벌이는 사이의
지난 시간도 손님 되어 찾아와
웃음꽃으로 정답게 노래하고

묵묵히 굳은 길 고운 길
함께 손잡고
동그라미 안에서 맴도는 우리들

보디가드

가슴에 외로움을 안고
어느 날 문득
하늘을 올려다보니
둥근 보름달이

앵두에게 화성 빛
알맹이들을

키보드 속에
한알 한알
총총총히 쏘아줘
그저 눈부신 길을
조용히 걸어간다

가을 의자에 앉은 책

코 끝에 와닿는
그의 냄새가 변함없이 좋다

누렇게 세월 먹은 그
차디찬 아스팔트에서
봄을 기다리는
메마른 잎사귀 한 장
잡초에게 콧노래와
구수한 옛날 이야기도 들려주어

활발한 꿈도 가을 바닥에 굴린다

비오는 날

찬비가 온종일 내린다

빗소리에 문득 보고 싶은 사람이 떠올라
창문을 두드리는 그리움이 맺혔다

소녀 시절엔 늘 빗소리처럼 마음이 추웠다

홀로 집을 지켜야만 했던 그날

하지만 빗님이 오신 날은 엄마가
내 볼을 만져주시고

고구마 삶아 입에 넣어주시고

툇마루 앉자

나를 무릎 베게 해주시고

빗소리는 외로움을 씻겨주는

사랑스러운 소리

지금도 눈을 감으면 조용히 들린다

마음을 나누어 주신 분들

강길섭
강병석
고광훈
구기룡
권성균
권용만
권태삼
김경문
김달형
김덕우
김문년
김봉현
김선웅
김성훈
김수호
김순복
김승태
김영길
김영길
김용범
김용현

김유홍
김자영
김지연
김점호
김종범
김진홍
노광환
노해종
류행렬
문성관
문애랑
문진우
민세기
민혜준
박광열
박미정
박성태
박수현
박승구
박승도
박재수

박재현
박준호
박지원
박진선
배용범
백정숙
서수현
석기원
성동훈
성종현
소진영
손강호
손수한
송정욱
신재상
심영섭
안진우
양승학
양재형
양회영
연재호

오윤주
원정훈
원종빈
유승우
윤동기
윤상희
윤수걸
윤여권
윤준용
윤지원
이경준
이대원
이돈성
이동욱
이동일
이뢰희
이문기
이성진
이성표
이승만
이승일

이연호
이영수
이용수
이윤열
이재영
이재욱
이정훈
이종구
이지혜
이해암
이형원
이후석
임복택
임혜숙
장두환
장명규
장일우
장치호
정미옥
정상훈
정성영

조대웅
조범식
조성원
조희욱
주정문
차영환
최두진
최병수
최용수
최의식
최재연
최정호
최치웅
최해식
추교석
하태훈
한준기
현재명
홍석철
황우식

이 도서의 국립중앙도서관 출판예정도서목록(CIP)은 서지정보유통지원시스템
홈페이지(http://seoji.nl.go.kr)와 국가자료공동목록시스템(http://www.nl.go.kr/kolisnet)에서
이용하실 수 있습니다. (CIP제어번호 : CIP2020035188)

소중한만남

초판 1쇄 발행 2020년 9월 23일

지은이 김은복

펴낸이 임병천
펴낸곳 책나무출판사
출판신고 2004년 4월 22일 (제318-00034)

주소 서울시 영등포구 신길3동 325-70 3F
전화 02-338-1228 **팩스** 0505-866-8254
홈페이지 www.booktree.info

ISBN 978-89-6339-660-6 03810